T0128078

essentials

essentials liefern aktuelles Wissen in konzentrierter Form. Die Essenz dessen, worauf es als „State-of-the-Art" in der gegenwärtigen Fachdiskussion oder in der Praxis ankommt. *essentials* informieren schnell, unkompliziert und verständlich

- als Einführung in ein aktuelles Thema aus Ihrem Fachgebiet
- als Einstieg in ein für Sie noch unbekanntes Themenfeld
- als Einblick, um zum Thema mitreden zu können

Die Bücher in elektronischer und gedruckter Form bringen das Expertenwissen von Springer-Fachautoren kompakt zur Darstellung. Sie sind besonders für die Nutzung als eBook auf Tablet-PCs, eBook-Readern und Smartphones geeignet. *essentials:* Wissensbausteine aus den Wirtschafts-, Sozial- und Geisteswissenschaften, aus Technik und Naturwissenschaften sowie aus Medizin, Psychologie und Gesundheitsberufen. Von renommierten Autoren aller Springer-Verlagsmarken.

Weitere Bände in der Reihe http://www.springer.com/series/13088

Siegfried Weinmann

Normatives Entscheiden

Aufgaben und Merkmale
der Entscheidungs- und
Erwartungsnutzentheorie

2., überarbeitete Auflage

Siegfried Weinmann
FOM Hochschule für
Oekonomie & Management
Stuttgart, Deutschland

ISSN 2197-6708   ISSN 2197-6716   (electronic)
essentials
ISBN 978-3-658-31389-0   ISBN 978-3-658-31390-6   (eBook)
https://doi.org/10.1007/978-3-658-31390-6

Die Deutsche Nationalbibliothek verzeichnet diese Publikation in der Deutschen Nationalbiblio-
grafie; detaillierte bibliografische Daten sind im Internet über http://dnb.d-nb.de abrufbar.

Planung/Lektorat: Susanne Kramer
Springer Gabler ist ein Imprint der eingetragenen Gesellschaft Springer Fachmedien Wiesbaden
GmbH und ist ein Teil von Springer Nature.
Die Anschrift der Gesellschaft ist: Abraham-Lincoln-Str. 46, 65189 Wiesbaden, Germany

Was Sie in diesem *essential* finden können

- Aufgaben und Merkmale der Entscheidungs- und Erwartungsnutzentheorie.
- Das Erwartungsnutzenmodell als Instrument für rationale Investoren.
- Methoden zur Bestimmung der Risikoeinstellung eines Investors.
- Die Eigenschaften und Merkmale der wichtigsten Nutzenmodelle.
- Anwendungen aus der Praxis in Gewinn- und Verlustsituationen.

Vorwort

Es gibt nichts Praktischeres als eine gute Theorie, sagt Kant und denkt an eine Synthese der allgemeinen und notwendigen Dinge, „welche die Prinzipien und den Umfang aller Erkenntnisse *a priori* bestimme" (1787). Aber was würde Kant, als ein Investor, über die Theorie des Erwartungsnutzens sagen, wollte er mit ihrer Methodik seine Geldanlage bestimmen? Als Investor dürfte Kant von ihr erwarten, dass sie die Unsicherheit seiner ökonomischen Entscheidung auf ein Minimum reduzierte. Aber können die subjektiven Modelle mit ihren schwer lesbaren und leicht zu verwechselnden Gebrauchsanweisungen das leisten? Oder sind sie selbst ein Unsicherheitsfaktor bei rationalen Entscheidungen? – Ein Wald kann nicht nur aus Schlingpflanzen bestehen. Wir legen den uralten Baum frei, ausgehend von der Wurzel, und schauen, welche Früchte er heute noch trägt. – Auf dem Weg der Herleitung des Nutzenmodells liegen Hinweise, die leicht übersehen werden oder in Vergessenheit geraten sind, wie beispielsweise der schriftliche Beleg von Daniel Bernoulli (1738) über die Grundgedanken der Portfoliotheorie. Enger an das Thema geknüpft ist die Einsicht, dass bei unsicheren Geldgeschäften die Aversion gegen Risiko und Verlust und auch der Pessimismus keine subjektiven Stimmungen sind, die empirische Nachweise erfordern. Die Aversion gegen Risiko und Verlust bedeutet eine aus logischen Schlüssen gefolgerte Notwendigkeit für rationale Investoren. Das Ziel, den größtmöglichen Vorteil aus unsicheren Geldanlagen zu ziehen, lässt Investoren normativ entscheiden.

Siegfried Weinmann

Über dieses Buch

Die Theorie des Erwartungsnutzens in knapper und anspruchsvoller Form verständlich darzustellen ist das Ziel des vorliegenden Essays. Damit soll eine Lücke in der Literatur geschlossen werden. Wer sich in kurzer Zeit einen sicheren Umgang mit Modellen der Nutzenmaximierung erwerben will, kommt an dieser Studie nicht vorbei. Sie setzt am Ursprung der Theorie des Erwartungsnutzens an, leitet die Modelle aus der These des rationalen Verhaltens ab und diskutiert ihre Wirksamkeit an allgemeingültigen Fällen wie dem Problem des Fahrers bei der Wahl seiner Route oder dem Problem des Investors bei der Wahl der Mischung zweier Wertpapiere. Das Buch führt den Leser in origineller Weise auf den wissenschaftlichen Pfad der normativen Entscheidung über unsichere Gewinne oder Verluste.

Einleitung

Die Entscheidungstheorie untersucht ökonomische Vorhaben, deren Gewinne *unsicher* sind. Typische Entscheidungsprobleme treten in der Versicherungs- und Finanzwirtschaft auf, wenn ein Investor ein Anlageobjekt aus einer Reihe von Alternativen auswählen soll oder ein unsicheres Geschäft versichern will, dessen Wert er nicht kennt. Die optimale Lösung kann durch die Theorie des Erwartungsnutzens oder mit statistischen Methoden erzielt werden.

Die optimale Alternative $a_j = \max(y(X(a_i)))$ einer Reihe unsicherer Anlagen a_i wird durch die Nutzen-Zielfunktion $y(X(a_i))$ bestimmt, in der die subjektive Note des Investors steckt: $X(a_i) \approx S(a_i)$ (Art. 4.8). Die Frage, welche Rolle persönliche Neigungen spielen (oder spielen sollen), wenn es zur Entscheidung kommt, kann das Modell selbst zu einem Unsicherheitsfaktor machen und führt zur fundamentalen Frage: Welches Maß bestimmt den Rang *und* den Wert der Objekte?

Wir gehen der elementaren Frage auf den Grund und erörtern die Maximierung des Erwartungsnutzens von ihrem Leitgedanken aus. Das wissenschaftliche Konzept folgt aus einfachen logischen Schritten, sodass die Modelle der normativen (präskriptiven) und deskriptiven Analyse Gestalt gewinnen und ihren Platz einnehmen. Die Anwendung der Methoden und ihre Diskussion erfolgt am Problem der Rangbestimmung am Beispiel der Analyse zweier Wertpapiere. Die optimale Mischung für einen bestimmten Nutzertyp ergibt sich aus der Lösung eines Gleichungssystems mit verschiedenen Nutzen-Zielfunktionen. Eine Übersicht der Modelle der Nutzenmaximierung und ihrer Literatur trägt Schoemaker (1982) bei; die weiteren Nachweise sind den nummerierten Artikeln zugeordnet.

Inhaltsverzeichnis

Über den Autor

Siegfried Weinmann ist Doktor der Ingenieurwissenschaft der ETH Zürich und Professor für Wirtschaftsinformatik an der Hochschule für Ökonomie und Management in Stuttgart. Er hat Diplome in den Fachgebieten Mathematik und Informatik. Nebenberuflich ist er wissenschaftlicher Berater von mittelständischen Unternehmen mit den Schwerpunkten IT-Management, Entscheidungsanalyse und Prozessoptimierung. Vor seiner Berufung war Siegfried Weinmann als Softwareentwickler für Großunternehmen wie RWE AG, Deutsche Bank AG, Dresdner Bank AG, EDEKA Baden-Württemberg, Fraunhofer Institut, Linde AG und Robert Bosch GmbH freiberuflich tätig. Von 1998 bis 2008 war er Professor für Wirtschaftsinformatik und Systementwicklung sowie Institutsleiter an der Hochschule Liechtenstein mit Stationen an Universitäten in London, Prag und Wien. Siegfried Weinmann ist Autor und Herausgeber von vier Fachbüchern und einer Reihe weiterer wissenschaftlicher Beiträge auf den Gebieten Wirtschaftsinformatik, Operations Research, Nutzentheorie und Transportplanung. Er unterrichtet Mathematik, Statistik und Entscheidungstheorie in Masterstudiengängen der FOM und der Universität Hohenheim.

Symbolenverzeichnis

ZEICHEN	BEDEUTUNG
a_i	unsichere Geldanlage
a, b	Skalierungsfaktoren für den Nutzenzuwachs $y(x)$, $v(x)$
c	Vermögen des Nutzers (Investors)
dx	differentieller Zuwachs von x
dy	differentieller Zuwachs von y
p_k	Wahrscheinlichkeit der Situation s_k
x_k	Gewinn oder Verlust in Situation s_k
$y(x)$	logarithmischer Nutzenzuwachs des unsicheren Gesamtbesitzes $x = c + x_k$
$v(x)$	Nutzenzuwachs von $x = c + x_k$ (Potenznutzen, a, b, α, β)
$u(x)$	Nutzenzuwachs von $x = c + x_k$ (Potenznutzen, $a = \alpha$, $b = \beta$)
$U(x)$	polynomischer (quadratischer) Nutzenzuwachs
$r(x)$	invariantes Maß der Risikoaversion (Eigenschaft der Nutzenkurve)
$y(X(a_i))$	logarithmischer Erwartungsnutzen der unsicheren Geldanlage a_i
$X(a_i)$	Äquivalent der unsicheren Anlage a_i (geometrisches Mittel, logarithmisch)
	Äquivalent der unsicheren Anlage a_i (gewogenes Mittel der Potenz α)
$R(a_i)$	Risikoprämie des Nutzers für die unsichere Geldanlage a_i
$S(a_i)$	Sicherheitsäquivalent des Nutzers für die unsichere Geldanlage a_i
$V(a_i)$	Versicherungsprämie für die unsichere Anlage a_i (Gesellschaft)
α	Grad der Risikoscheu bei Gewinnen (Potenznutzen)
β	Grad der Risikofreude bei Verlusten (Potenznutzen)
γ	Risikomaß – $r(x)$ beim exponentiellen Nutzenzuwachs
$\delta(a_i, a_j)$	Diversifikationsmaß (der Mischung) zweier unsicherer Anlagen a_i, a_j
$\rho(a_i, a_j)$	Korrelation (der Mischung) zweier unsicherer Anlagen a_i, a_j

$\mu(a_i)$	Erwartungswert der unsicheren Anlage a_i
$\sigma(a_i)$	Standardabweichung (Volatilität) der unsicheren Anlage a_i
$\Phi(\cdot)$	Nutzenzuwachsfunktion eines unsicheren Objekts (allgemein)
Π	Produkt diskreter Werte
Σ	Summe diskreter Werte
$\int$	Summe kontinuierlicher Werte

Grundlagen

1

Inhalt: Aufgaben und Merkmale der *Entscheidungs- und Erwartungsnutzentheorie*. Der Begriff *Präferenz* für den *Rang der Objekte*. Der Unterschied zwischen *ungewisser* und *unsicherer* Geldanlage. Grundlage der *wissenschaftlichen Methodik*. Die *beschreibende* und die *beurteilende Analyse*. Die *Logik des Schließens* aus einer *These*.

1.1 Gegenstand

Die Theorie der Maximierung des Erwartungsnutzens geht zurück bis ins 18. Jahrhundert (s. *Historische Notizen*, Anhang). Der Ursprung und das Wesen der Nutzentheorie ist die These über den relativen Wert eines Guts. Der Tausch von Gütern und allgemein der Handel mit Produkten, Geld oder Zeit wird vom relativen Wert der Objekte bestimmt; dieser mikroökonomische Aspekt erzeugt in der Masse eine ebenso starke makroökonomische Wirkung. Welche Rolle spielen Umstände und Eigenschaften der Personen beim Tausch von Objekten bezüglich ihrer Vermögen und eigenen Vorlieben (Präferenzen)?

1. Unter einer „Präferenz" verstehen von Neumann und Morgenstern (1943) „die Bevorzugung eines Objekts oder Aggregats von Objekten gegenüber einem anderen". Die Präferenz eines Individuums steht in Beziehung zu seinem materiellen und geistigen Vermögen; dazu zählen seine Bildung, sein Wissen, sein Mangel an Information, seine Sichtweise, sein Lebensumstand, sein Motiv und seine Neigung, mit der Unsicherheit derjenigen Situationen umzugehen, die bei der Erreichung seines Ziels eintreten können; denn mit jeder Erwartung ist eine Abweichung verknüpft, die sich in negativer Richtung als Risiko und in positiver Richtung als Chance abzeichnet. – Wie geht die Mehrheit der Personen damit um? Was ist davon wesentlich? Und wie lässt es sich messen?

© Springer Fachmedien Wiesbaden GmbH, ein Teil von Springer Nature 2020
S. Weinmann, *Normatives Entscheiden*, essentials,
https://doi.org/10.1007/978-3-658-31390-6_1

Der innere Zustand einer Person in Bezug auf ihre Motive und Entscheidungen sind schwer messbar und selbst die genaueste Momentaufnahme wird spekulativ, wenn sie in die Zukunft projiziert wird. Das gibt der Forschung viel Raum und entsprechend ist die Literatur im Umfeld der deskriptiven Analyse schwer zu überschauen. Man findet Studien, die über die unterschiedliche Bewertung von Gewinnen und von Verlusten der Versuchspersonen hinausgehen und den Grad ihrer Emotion bei einer Minderung oder bei einer Vermeidung eines möglichen Verlusts zu messen versuchen (vgl. Idson et al., 2000), um ein Beispiel zu nennen; mikroökonomische Situationen dieser Art entstehen alltäglich durch Anreiz oder durch Strafe, wie beispielsweise durch den Rabatt oder durch den Aufpreis eines Produkts. (Es ist eine Frage des Marketings, wenn das Angebot lautet: „Wenn Sie heute bestellen, bekommen Sie einen Preisnachlass von 10 %" oder besser so: „Der Listenpreis beträgt 110 €; nur heute bieten wir Ihnen den Sonderpreis von 99 €").

Trotz dieser Vielfalt an empirischer Forschung bietet die Literatur vergleichsweise wenig mustergültige Skizzen, die der Anwendung der Entscheidungstheorie und dem Nachweis ihrer praktischen Tauglichkeit dienen. Ein Grund dafür mag sein, dass die vielfältige Forschung auf dem Gebiet der deskriptiven Analyse über das Wesentliche der Entscheidungstheorie hinwegtäuscht und man vergisst, dass die Entscheidungsmodelle präskriptiv sind (abgesehen von der deskriptiven Note, die die Einstellung zum Risiko eines Nutzers erschließt, Art. 4.8).

Empirische Studien, die das Spektrum möglicher Verhaltensweisen von Personen untersuchen, sind nicht entscheidend, wenn es um den Gewinn oder Verlust von Geld oder Zeit geht, und diese Personen ihre Ziele nach dem gleichen Muster verfolgen. Wie sich gleich herausstellen wird, haben die Nutzer einen Maßstab für die Bewertung ihrer unsicheren Gewinne, der nicht aus der Beobachtung heraus entstanden ist, sondern durch logisches Folgern (Deduktion) aus der notwendigen These des rationalen Verhaltens und des relativen Wertes der Objekte (Art. 2–3).

Wir folgen dem Ansatz von Bernoulli (1730, 1738). Er entspricht der Theorie des Grenznutzens von Gossen (1854) und dem Prinzip des rationalen Verhaltens, das von Neumann und Morgenstern (1943) durch Axiome gestützt haben. Im daraus abgeleiteten Nutzenmodell ist das Maß für die Bewertung der ökonomischen Objekte verankert, sodass lediglich die Lage (Art. 3) oder die Form (Art. 4) der Nutzenfunktion dem Kapital eines bestimmten Nutzers oder dem Grad seiner Risikoscheu angepasst werden muss.

Wir entwickeln die methodischen Schritte der Entscheidung über die Auswahl von Alternativen am Beispiel der Mischung zweier Wertpapiere und vergleichen das optimale Portfolio (die optimale Entscheidung des zugrunde gelegten Nutzertyps) mit den in der Portfoliotheorie nach Markowitz (1959) als effizient geltenden markanten Alternativen.

1.2 Unsichere Geldanlage

Die Entscheidungstheorie unterscheidet *Ungewissheit* von *Unsicherheit*. Man spricht von einer *unsicheren* Geldanlage, wenn m Gewinne x_k mit den Wahrscheinlichkeiten p_k (in den Situationen s_k) zu erwarten sind, sodass die statistischen Maße der Geldanlage (ihre Erwartung μ, deren *negative* Abweichung das Risiko $-\sigma$ und deren *positive* Abweichung die Chance σ bezeichnen) kalkuliert werden können; existieren die Wahrscheinlichkeiten nicht, nennt man den Ausgang der Investition (und den Eintritt der Situationen) *ungewiss*.

Die Summe der Wahrscheinlichkeiten ist 1. Bei der Bewertung einer Investition wird das Vermögen des Investors berücksichtigt. Das Vermögen c ist am Anfang als *sichere* Größe gegeben, es wird aber durch den Erwartungswert μ der unsicheren Anlage zu einem *unsicheren* Gesamtbesitz vereinigt:

$$c + \mu =$$

$$c + p_1 x_1 + p_2 x_2 + \cdots + p_m x_m =$$

$$c(p_1 + p_2 + \cdots + p_m) + p_1 x_1 + p_2 x_2 + \cdots + p_m x_m =$$

$$p_1(c + x_1) + p_2(c + x_2) + \cdots + p_m(c + x_m).$$

Bezeichnet $min(x_k)$ den kleinsten der m möglichen Gewinne x_k ist $a = c + min(x_k)$ der sichere Anteil des unsicheren Gesamtbesitzes $c + \mu$, da nur einer der m Gewinne x_k (nur eine der Situationen s_k) eintreten kann.

Hinweise zum sprachlichen Gebrauch: Wenn von einem *unsicheren* Gewinn x_0 oder von einem *unsicheren* Gesamtbesitz $(c + x_0)$ gesprochen wird, ist damit $p_0 x_0$ oder $p_0 (c + x_0)$ gemeint. Eine Wahrscheinlichkeit p_k bezeichnen wir mitunter (kürzer) als Chance p_k.

1.3   Begriffe und Methodik

Für die folgende Herleitung halten wir die notwendigen Begriffe und die Methodik fest. Eine „deskriptive Analyse" verstehen wir im Sinne der Statistik, mit der Konsequenz, dass aus Beobachtungen, Experimenten oder sonstigen empirischen Versuchen keine Schlüsse gezogen werden können. Der wissenschaftliche Weg zu einer Theorie verläuft indirekt: Aus einer grundlegenden Erfahrung oder aus einer logischen Notwendigkeit formulieren wir eine „These". Aus der These werden Sätze abgeleitet oder Modelle konstruiert, die allgemeingültige Schlüsse (Normatives Entscheiden) erlauben. Sollen subjektive Entscheidungen simuliert werden, ist zu prüften, ob die These, der Satz oder das normative Modell mit den Daten aus einer deskriptiven Analyse übereinstimmt; im Zweifelsfall werden die empirischen Daten mit Methoden der Beurteilenden Statistik zu Aussagen verknüpft (z. B. durch Hypothesentests) und die Thesen entweder widerlegt, bestätigt oder korrigiert. Daraus folgt für deskriptive Analysen der Anspruch, dass ihre Beobachtungen für einen bestimmten Kreis von Personen typisch sind und ein für diesen Typus charakteristisches Bild ergeben.

Entstehung

2

Inhalt: Der Ursprung und das Motiv der *Nutzentheorie*. Das Glückspiel von Nicolaus Bernoulli mit der Erwartung eines unendlich hohen Gewinns. Die notwendige *These* über den *relativen Wert* des Geldes und die *Rationalität* eines Spielers. Das Beispiel für den wissenschaftlichen Weg zu einer Theorie von ökonomischer Bedeutung. Der deduktive Ansatz von Daniel Bernoulli für das Modell des *Erwartungsnutzens*.

2.1 Ursprung und Motiv

Wir stützen die Theorie des Erwartungsnutzens auf eine These, die mit dem Begriff einer *rational* handelnden Person verbunden ist.

2. Die Notwendigkeit der These zeigt sich an einem Spiel das Nicolaus Bernoulli (1728) seinem Neffen Daniel Bernoulli nach St. Petersburg übermittelte: Fällt eine Münze nach n Würfen zum ersten Mal auf die Kopfseite, erhält der Spieler 2^n €. Die Erwartung des Gewinns ist unendlich:

$$\mu = \sum_{k=1}^{\infty} p_k x_k = \sum_{k=1}^{\infty} \left(\frac{1}{2}\right)^k 2^k = 1 + 1 + \cdots = \infty.$$

Wie es für Glückspiele und Geldanlagen typisch ist, besteht die Aussicht auf einen unsicheren Gewinn; hier mit dem Vorteil einer beliebig hohen Gewinnerwartung. – Aber keine vernünftige Person würde sich viel davon erhoffen und für das Spiel einen beliebig hohen Preis zahlen. – Die Frage lautet: Was würden Sie bieten, um einen Gegenspieler zu bewegen, dass er das Spiel mit Ihnen spielt, wenn Sie 100 € in der Tasche hätten?

© Springer Fachmedien Wiesbaden GmbH, ein Teil von Springer Nature 2020
S. Weinmann, *Normatives Entscheiden*, essentials,
https://doi.org/10.1007/978-3-658-31390-6_2

2.2 Rationales Verhalten

Die Frage nach dem Preis des Gewinnspiels ist schwer zu beantworten. Einerseits bringt Ihr individueller Wertmaßstab eine Ungewissheit ins Spiel, andererseits ist der Preis eine Frage der Rationalität, denn Sie wollen trotz des unsicheren Ausgangs des Spiels einen möglichst hohen Gewinn erzielen. Wenn Sie 20 € oder weniger bieten, haben Sie die den Preis für das Spiel nicht an seinem Geldwert festgelegt und nach dem Urbild einer *rationalen* Person gehandelt.

2.1 Eine Person handelt „rational", wenn sie ein Ziel hat und es systematisch (durch nachvollziehbare Schritte) anstrebt, ohne es dem Zufall oder der Willkür zu opfern, und ihr die Erreichung des Ziels den größtmöglichen Vorteil verschafft.

2.2 Daniel Bernoulli (1738) suchte nach einer Erklärung für den legitimen Preis X des Spiels mithilfe einer Relation des Vorteils *(Subjekt ⇒ Prädikat)*:

$$y'(X) > y'(\mu) \Leftrightarrow y(X) < y(\mu) \Rightarrow X < \mu.$$

Somit lautet die These für eine *rational* handelnde Person: Die Aussicht auf einen unsicheren Gewinn x wird nicht an dessen materiellem Zuwachs (in Einheiten von Geld oder Zeit) getroffen, sondern am Zuwachs $y(x)$ seines relativen Werts $y'(x)$, der sich sättigt und das mit dem Gewinn x verbundene Risiko negativ bewertet. Abb. 2.1 illustriert den abnehmenden „Nutzenzuwachs" $y(x)$ bei steigendem Gewinn x.

Folglich ist eine Funktion $y(x)$ gesucht, die den Nutzenzuwachs des Gewinns x mit der Eigenschaft $y''(x) < 0$ abbildet und auf diese Weise dem Spiel mit der Erwartung eines unendlichen Gewinns einen endlichen Erwartungsnutzen zuordnet:

$$\sum_{k=1}^{\infty} p_k y(x_k) = \sum_{k=1}^{\infty} \left(\frac{1}{2}\right)^k y(2^k) = y(X).$$

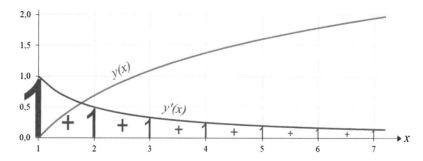

Abb. 2.1 Relativer Wert $y'(x)$ und Nutzenzuwachs $y(x)$ eines Gewinns x

Diese Beziehung soll den Zweck erfüllen, die rationale Einstellung $y''(x) < 0$ einer Person und die Konsequenz $X < \mu$ zu begründen, gemäß dem nach Bernoulli benannten Prinzip (Art. 3). Doch die numerische Bestimmung des Nutzens $y(x)$, der die Vorstellung über den Ausgang des unsicheren Gewinns x dieser Person treffen soll, öffnet das Tor zu einer endlosen Diskussion und stellt damit unser Ziel, die Theorie des Erwartungsnutzens in einem Essay abzuhandeln scheinbar infrage.

Mit der Begründung der Spieltheorie haben von Neumann und Morgenstern (1943) die ökonomische Grundfrage über den numerischen Nutzen logisch durchdrungen und Axiome bestimmt, die $y(x)$ erfüllen muss (s. *Diskussion*, Art. 5); in ihrem Sinne weisen wir darauf hin, dass der Begriff „Nutzen" nicht den Wert eines *realen* Objekts meint, sondern den Wert des *gedachten* Ereignisses, das den Ausgang eines unsicheren Gewinns aus der Sicht einer Person betrifft. Wir setzten die Proportionalität zwischen dem Nutzen und dem monetären Maß voraus und behandeln die numerische Bestimmung des relativen Werts unsicherer Gewinne auf pragmatische Weise (Art. 3) entsprechend den Memoiren von Bernoulli (1738) und Laplace (1820).

Damit umgehen wir eine zeitraubende Diskussion, die keine rationale Lösung auf der sachlichen Ebene des Geldes als Ziel haben kann, überlassen die Subjektivierung des Subjekts den deskriptiven (empirischen) Analysen und wählen den normativen Weg auf dem wir zunächst das dem Vermögen des Investors entsprechende Äquivalent $X(a)$ des unsicheren Gewinns a herleiten (Art. 3). Im nächsten Schritt finden wir das empirische Äquivalent $S(a)$ des Investors heraus und bestimmen damit seine Einstellung zum Risiko. Das Risikoprofil des Investors erlaubt es, sein normatives Äquivalent $X(a) \approx S(a)$ näher anzupassen, um schließlich die für ihn optimale Wahl aus einer Reihe von Alternativen treffen zu können (Art. 4). Wir individualisieren das typische Verhalten eines rationalen Investors.

Logarithmischer Nutzen

3

Inhalt: Die *These* über den *relativen Wert* der Objekte wird zur Grundlage des *rationalen Handelns:* entscheidend ist nicht der Erwartungswert des *Geldgewinns,* sondern dessen *Erwartungsnutzen.* Das *Erwartungsnutzenmodell* wird zum Instrument des *rationalen* Investors. Die Wirksamkeit des Nutzenmodells wird an typischen Fällen aus der Praxis in *Gewinn-* und *Verlustsituationen* erprobt: das Problem des Fahrers bei der Wahl seiner Route; das Problem des Investors bei der Bestimmung seiner optimalen Geldanlage.

3.1 Gewinn und Nutzen

Im Zentrum der Synthese liegt die Nutzenfunktion; sie wird oft so verstanden, dass sie das Maß für die Bewertung von Objekten (wie Geld, Güter oder Dienstleistungen in der Finanz- und Versicherungswirtschaft usf.) für eine Klasse rationaler Entscheider ist. Weil diese Interpretation gerne missverstanden und der Nutzen $y(X)$, das Subjekt, zum Objekt der Forschung erklärt (und vom Problem entkoppelt) wird, richten wir den Fokus auf die Relation zwischen dem Nutzen $y(X)$ und dem problemrelevanten Prädikat X (Art. 3–4).

Über die Präferenz eines Nutzers (Art. 1: der Rang bestimmter Objekte), nehmen wir an, dass in der Vorstellung des Nutzers potenziell weitere Information liegt, die den numerischen Wert der Objekte hinreichend genau bestimmen lassen, sodass über die Rangfolge der Objekte hinaus die Abstände zwischen den Objekten gebildet werden können und sich der Nutzen zu einer metrischen Skala verfeinern lässt (s. *Nutzeranalyse,* Art. 4.8 und *Kritik,* Art. 4.11).

3. Um die Handlung einer rationalen Person (Art. 2) verständlich zu machen, darf der Spieler für das Spiel den seinem Erwartungsnutzen $y(X)$ entsprechenden Betrag X € bezahlen. Der deduktive Ansatz der Nutzenfunktion stammt von

© Springer Fachmedien Wiesbaden GmbH, ein Teil von Springer Nature 2020
S. Weinmann, *Normatives Entscheiden,* essentials,
https://doi.org/10.1007/978-3-658-31390-6_3

Daniel Bernoulli (1738): Wächst ein Besitz x um die marginale Einheit dx, ist der Nutzenzuwachs dy proportional zu dx und umgekehrt proportional zu x:

$$dy = \frac{b\,dx}{x}.$$

Wächst das Vermögen c um den Gewinn x_0, ist der Nutzenüberschuss:

$$y(x) = \int_c^{c+x_0} \left(\frac{b}{x}\right) dx = b(\ln(c + x_0) - \ln(c)) = b\ln\left(\frac{x}{c}\right), \text{ mit } x = c + x_0.$$

Bernoulli nennt die Nutzenfunktion $y(x)$ „emolumentum" und c „summa bonorum"; Laplace (1820) nennt den Gesamtbesitz x „fortune physique" und $y(x)$ „fortune morale"; sie behandeln den Kalkül in ähnlicher Weise und nehmen an, dass eine Person über ein Vermögen c verfügt und m Gewinne x_k mit den Chancen p_k erzielen kann. Die Summe aller Chancen p_k ist 1. Die gewichtete Summe ist der zu erwartende Nutzenüberschuss:

$$b\left(\sum\nolimits_{k=1}^{m} p_k \ln(c + x_k)\right) - b\ln(c);$$

oder

$$y(X) = b\ln(X) - b\ln(c) = b\ln\left(\frac{X}{c}\right),$$

mit

$$X = \prod\nolimits_{k=1}^{m} (c + x_k)^{p_k}.$$

Die Erwartung $y(X)$ nennen Bernoulli (1738) „emolumentum medium" und Laplace (1820) „fortune morale". Die Differenz $X-c$ beschreiben Bernoulli mit „lucrum legitime expectandum seu sors quaesita" und Laplace mit „l'accroissement de la fortune physique qui procurerait à l'individu le même avantage moral qui résulte pour lui de son expectative". Das heißt: $X-c$ ist der bezüglich des Vermögens c zu erwartende (legitime) Geldüberschuss aus der Summe der unsicheren Gewinne x_k, der dem zu erwartenden Nutzenüberschuss $y(X)$ entspricht (Abb. 3.1). Wir bezeichnen den Nutzenüberschuss auch als Nutzenzuwachs $y(x)$ bezüglich des Vermögens c oder einfach als Nutzen $y(x)$.

Die Herleitung der Nutzenbeziehung Bernoullis führt zur wesentlichen Eigenschaft des durch von Neumann und Morgenstern (1943) postulierten Nutzens: $y(X)$ bedeutet, dass der Erwartungswert der Nutzenzuwächse $y(c+x_k)$ gleich dem

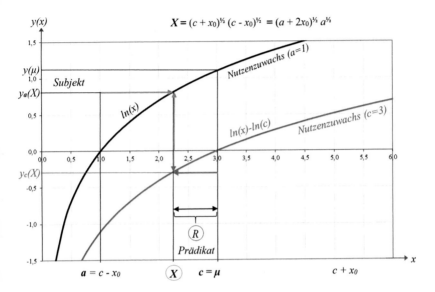

Abb. 3.1 Der logarithmische Nutzenzuwachs von Daniel Bernoulli

Erwartungsnutzen $y(X)$ des (legitimen) Äquivalents X der unsicheren Gesamtbesitze $c + x_k$ ist.

Sind die wesentlichen Eigenschaften einer Nutzenfunktion (die Monotonie und Stetigkeit) erfüllt, dann ist das gewichtete arithmetische Mittel der Nutzen $y(c + x_k)$ gleich dem Nutzen $y(X)$ des Äquivalents X. Beim logarithmischen Ansatz von Bernoulli ist das Äquivalent X das geometrische Mittel der Gesamtbesitze $c + x_k$ mit ihren Chancen p_k. (Allgemein gilt der Satz: Das arithmetische Mittel logarithmierter Merkmale ist der Logarithmus ihres geometrischen Mittels, vgl. Rinne, 2003).

Für den Fall eines sicheren Gewinns x ($p = 1$) verläuft die Kurve y analog zum ersten Gesetz des Grenznutzens von Gossen (1854) bis zur Sättigung. Die Beziehungen zwischen dem Nutzenzuwachs $y(x)$, dem Erwartungsnutzen $y(X)$ und dem Äquivalent X sind für den Fall $m = 2$ unsichere Gesamtbesitze $x = c \pm x_0$ am Beispiel $p_0 = \frac{1}{2}$, $c = 3$ und $x_0 = 2$ in der Abb. 3.1 dargestellt. Die Gesamtbesitze $\frac{1}{2}(c + x_0)$, $\frac{1}{2}(c - x_0)$ und $\frac{1}{2}(a + 2x_0)$, $\frac{1}{2}a$ ($a = 1$) haben gleiche Äquivalente $X = 5^{1/2} \cdot 1^{1/2}$ und Mittelwerte $\mu = \frac{1}{2} 5 + \frac{1}{2} 1$, doch verschiedene Geldüberschüsse $X - c$ und $X - a$ (Prädikate) bezogen auf ihre jeweiligen Vermögen c und a, und verschiedene Nutzenüberschüsse (Subjekte). Das heißt in Zahlen: $X - c = 5^{1/2} - 3 = -\frac{3}{4}$ €, $y_c(X) = -0{,}3$ und $X - a = 5^{1/2} - 1 = 1\frac{1}{4}$ €, $y_a(X) = 0{,}8$

(Abb. 3.1). Das Prädikat $R = \mu - X$ ist der Zuschlag zur Grundprämie $(1-p)\,z$ der Gesamtprämie V der Versicherung einer Geldanlage $p\,(e+z)$, $(1-p)\,e$ (Art. 5.4) und das monetäre Risikomaß für den Nutzer des Typs $y(x)$ mit dem Vermögen e (Art. 4.6). Für $p=½$, $e=1$, $z=4$ sind $R=¾$ €, $V=2¾$ € und $z - V = X - e = 1¼$ € der versicherte Gewinn von $½(a+2x_0)$, $½a$.

3.2   Schlüsse

Mit dem Äquivalent X seines Nutzenmodells findet Bernoulli einen Punkt, aus dem er interessante Schlüsse zieht (Art. 3.1–3.3), doch er schließt weitere Ansätze $\Phi(x)$ zur Abbildung des relativen Werts von Objekten, die ähnliche Eigenschaften aufweisen wie seine logarithmische Nutzenfunktion $y(x)$, nicht aus (s. *Diskussion*, Art. 5).

3.1 Die Bedeutung von X wird klar, wenn man das geometrische Mittel mit dem arithmetischen Mittel an einem einfachen Beispiel vergleicht: Angenommen, Sie haben eine Villa im Wert von $c=1$ Mio. € und jemand bietet Ihnen das Glückspiel an, durch einen Münzwurf $x_0=1$ Mio. € zu gewinnen oder zu verlieren. Wenn Sie das Spiel annehmen, sind Sie entweder ruiniert (d. h. Sie stehen ohne Ihre Villa auf der Straße) oder Sie haben die Villa und den Gewinn von einer Million €. Der Erwartungswert des Spiels um das Vermögen wird seiner Dramatik nicht gerecht: $\mu = ½(c+x_0) + ½(c-x_0) = 1$ Mio. €. Das geometrische Mittel X als Äquivalent des unsicheren Gesamtvermögens drückt die Emotion beim Spiel um das Vermögen aus: $X = (c+x_0)^{1/2}\,(c-x_0)^{1/2} = 0$, sodass $X - c = -1$ Mio. € den Fall des Ruins (des Verlusts der Villa) geltend macht. – Allgemein gilt: Ein Glückspiel $c \pm x_0$ mit 50 % Chancen ist im Sinne der Nutzentheorie nachteilig und damit für den Nutzer nicht ausgeglichen (nicht indifferent).

3.2 Das geometrische Mittel $X = (c+x_1)^{p1}\,(c-x_2)^{p2}$ ist kleiner als das arithmetische Mittel $\mu = (c+x_1)\,p_1 + (c-x_2)\,p_2$; daraus schließt Bernoulli, dass jedes mathematisch faire Spiel mit der Bedingung $p_1\,x_1 = p_2\,x_2$ unvorteilhaft ist. Damit ist der Betrag des Dis-Nutzens $y(-x)$ eines Verlusts größer als der Nutzen $y(x)$ des Gewinns des gleichen Betrags: $|y(-x)| > y(x)$; das folgt speziell für $x_0 = x_1 = x_2$ und $p_1 = p_2 = ½$ aus der Differenz:

$$(\ln\,(c+x_0) - \ln\,(c)) - (\ln\,(c) - \ln\,(c - x_0)) = \ln\left(1 - \frac{x_0^2}{c^2}\right) < 0.$$

Die Theorie $|y(-x)| > y(x)$ haben Galanter und Pilner (1974) als emotionalen Effekt empirisch bestätigt: Der Verlust eines Geldbetrags löst eine stärkere Emotion aus als der Gewinn desselben Betrags.

Der logarithmische Nutzenzuwachs y des Gewinns x ist streng monoton konkav und drückt durch das Vorzeichen von $y''(x) < 0$ die Scheu gegenüber Risiko und Verlust aus:

$$y''(x) = \frac{d^2 y}{dx^2} = -\frac{b}{x^2}.$$

3.3 Die für das folgende Problem wichtige Verteilung einer Investition auf mehrere Alternativen, die voneinander unabhängig sein sollen, analysierte Bernoulli ebenfalls. Sein Beispiel betrifft einen Händler mit einem Vermögen $c = 4000$ und einem erwarteten Gewinn $x_0 = 8000$, der von der Ankunft seiner Ladung auf einem Schiff abhängig ist. Nach seiner Erfahrung legen 9 von 10 Schiffe sicher im Hafen an. Der Gegenwert seines physischen Vermögens entspricht dem geometrischen Mittel $X = (c + x_0)^{0,9} \, c^{0,1} \approx 10.751$. Würde der Händler seine Ladung je zur Hälfte auf zwei unabhängige Schiffe verteilten, entspräche sein physisches Vermögen dem Wert $X = (c + x_0)^{0,81} \, (c + 1/2 x_0)^{0,18} \, c^{0,01} \approx 11.033$, denn die Chance, dass zwei Schiffe sicher ankommen, ist $0,9^2$, dass eines von beiden sicher ankommt, ist $2 \cdot 0,9 \cdot 0,1$; dass keines der beiden Schiffe ankommt ist $0,1^2$.

In Bernoullis Beispiel steckt der Kern der Portfoliotheorie: Bezeichnen A_1 und A_2 die einfache und die verteilte Investition, μ_1 und μ_2 ihre Erwartungswerte, σ_1 und σ_2 ihre Standardabweichungen (Volatilitäten), dann gilt $\mu_1 = \mu_2$ und $\sigma_1 > \sigma_2$. Damit ist $A_1 \prec A_2$, denn bei gleichem Erwartungswert wird die Alternative mit dem kleineren Risiko (von einem rationalen Investor) bevorzugt. Und analog: Existierten zwei Schiffe, von denen eines sicher landet, wenn das andere sinkt, wäre der Gewinn $\frac{1}{2} x_0$ sicher und damit das stochastische Risiko eliminiert: $\rho(A_1, A_2) = -1$ (Art. 4.10).

3.3   Problemstellung

Will man einen Betrag in zwei Wertpapieren (wir nehmen Aktien) anlegen, stellt sich die Frage, mit welchen Anteilen die beiden Aktien gemischt werden sollen. Das mit einem Aktiengeschäft verbundene Risiko wird von Anlegern unterschiedlich bewertet; einen Überblick geben Wahl und Kirchler (2011); vertiefte fachliche Aspekte sind entbehrlich, wenn es nur um die Rangfolge der Mischungen geht (Art. 3.4, 4.9–4.10).

Zwei Aktien seien unter vier Situationen s_k, die mit den Wahrscheinlichkeiten p_k eintreten sollen, wie folgt bewertet worden (Kurswert [€], Wahrscheinlichkeit [%]; …):

- Aktie (Lotterie) A_1: (8 €, 20 %; 12 €, 30 %; 10 €, 10 %; 16 €, 40 %).
- Aktie (Lotterie) A_2: (60 €, 20 %; 50 €, 30 %; 80 €, 10 %; 60 €, 40 %).
- Ein Stück der Aktie A_1 hat den Preis $w_1 = 10$ €, eine Aktie A_2 kostet $w_2 = 50$ €.
- Es soll der Betrag $B = 1000$ € angelegt werden; das erlaubt 21 Mischungen:
- a_1: 100 % des Betrags in Aktie A_1,
- a_{j+1}: $j \cdot 5$ % des Betrags in Aktie A_1 und $100 - j \cdot 5$ % des Betrags in Aktie A_2,
- a_{21}: 100 % des Betrags in Aktie A_2.

Gesucht ist die optimale Mischung der beiden Aktien, die den Erwartungsnutzen auf der Basis des Vermögens c maximiert. Der Betrag B sei (zinslos) geliehen.

3.4   Entscheidungsanalyse

Wir bestimmen das Portfolio mit dem maximalen Erwartungsnutzen für einen rationalen Investor (Art. 2) mit dem Nutzen $y = b \ln(x/c)$ für $b = 1$ und dem Vermögen $c = 1000$ €.

3.4 Nach Art. 3 ist der Erwartungsnutzen einer Mischung a_i gleich dem Nutzen $y(X(a_i))$ seines Äquivalents $X(a_i)$. Für die unsicheren Gewinne $x_{i,k}$ der Mischungen a_i der beiden Aktien mit den Kurswerten $A_{1,k}$ und $A_{2,k}$ in den Situationen k ist das optimale Portfolio des Nutzers die Investition des Betrags $B = 1000$ € mit den Anteilen z der Aktie A_1 und $(1 - z)$ der Aktie A_2.

Für Preise $w_1 = 10$ €, $w_2 = 50$ € der Aktien A_1, A_2 lautet das System:

maximiere $y(X(a_i))$

mit $X(a_i) = \prod_{k=1}^{4} (c + x_{i,k})^{p_k}$

und $x_{i,k} = z_i \left(\dfrac{B}{w_1} \right) A_{1,k} + (1 - z_i) \left(\dfrac{B}{w_2} \right) A_{2,k} - B,$
$0 \leq z_i \leq 1.$

Das Gleichungssystem kann bei der gegebenen Stückelung mit einer Tabellenkalkulation gelöst werden. Die Lösung für eine beliebige Stückelung verlangt wegen der nicht-linearen Zielfunktion eine Methode der nichtlinearen

Programmierung (das Franke-Wolfe- oder ein Gradienten-Verfahren, unter den KKT-Bedingungen, vgl. Hillier und Liebermann, 1997); sie entspricht der Bedingung $y'(X) = 0$ oder $X'(z) = 0$, da $y(X)$ monoton ist. Die numerische Lösung hat den Anteil $z = 91{,}4$ % (914 €) der Aktie A_1. Damit sollen $0{,}9 \ B = 900$ € in die Aktie A_1 (90 Stück) und $0{,}1 \ B = 100$ € in die Aktie A_2 (2 Stück) angelegt werden.

Die Wahl der Mischung a_3 zeugt von einer geringen Risikoscheu, die durch das relativ hohe Vermögen $c = 1000$ € im Verhältnis zu den Renditen $x_{i,k} \in [-200, 600$ €] gerechtfertigt ist. (Die Eigenschaft $y(c) = 0$ macht $|y(1000 - 200)|$ relativ klein).

Als Vergleich nehmen wir an, der Investor verfüge über das Vermögen $c = 201$ €, das gerade über dem Betrag des Maximalverlusts liegt, dann würde er die Mischung a_{12} nehmen, die einen Anteil von $0{,}46 \ B = 460$ € der Aktie A_1 (45 Stück) hat mit dem maximal zu erwartenden Überschuss $X - c = 184{,}68$ €. Das kleine Vermögen verleiht dem Investor eine wirksame Risikoscheu, die umgekehrt proportional zum Vermögen ist. (Da $y(c) = 0$ ist der Dis-Nutzen $|y(201 - 200)|$ relativ groß.) Die optimale Rangfolge der Mischungen für den Investor mit dem kleinsten vernünftigen Vermögen c ($|-200| + 1 = 201$ €) ist in der Tab. 3.1 dargestellt.

Das Vermögen c ist die persönliche Note des Investors; sie hat ein großes Gewicht beim Nutzenzuwachs und folglich bei der Entscheidung; hätte er vergleichsweise das Vermögen $c = 600$ €, wäre der Anteil $0{,}69 \ B = 694$ € der Aktie A_1 (70 Stück).

Ein erster Vergleich mit statistischen Maßzahlen (s. *Portfolioanalyse*, Art. 4.10) zeigt, dass die Zielfunktion $\mu(a_i) - \sigma(a_i)$ die Mischung a_{14} bevorzugt und 35 % $B = 350$ € in die Aktie A_1 anzulegen wäre. Die Mischung a_{14} wäre optimal für Investoren, die die Differenz zwischen dem Erwartungswert μ und der Volatilität σ maximieren und damit eine starke Risikoscheu haben. Je kleiner das Vermögen des Investors ist, desto kleiner ist der Anteil der Aktie A_1, die ein höheres Risiko in die Mischung bringt. Um den Grad der Risikoscheu der Zielfunktion $\mu(a_i) - \sigma(a_i)$ zu erzeugen, müsste das Vermögen c unter dem Betrag des Maximalverlusts $min(x_{i,k})$ liegen ($c < |-200|$ €), d. h. die Investition müsste teilweise durch fremdes Kapital abgedeckt und der Dis-Nutzen für $x = c + x_{i,k} < 0$ durch die spezielle Funktion $y(-x)$ berechnet werden (Art. 3.5).

Tab. 3.1 Logarithmischer Erwartungsnutzen der Mischungen für $c = 201$ €

$x(i, k)$ [€]	$S\,1$	$S\,2$	$S\,3$	$S\,4$	Erw. Rendite	Volatilität		Prädikat	Subjekt	
Anteil A1 [%]	0,2	0,3	0,1	0,4	μ	σ	Portfolio	$(X - c)$ [€]	$y(X)$	Rang
100	−200	200	0	600	260,0	310,5	a1	−52,16	−0,3004	21
95	−180	190	30	580	256,0	294,0	a2	71,60	0,3047	20
90	−160	180	60	560	252,0	277,7	a3	108,78	0,4326	19
85	−140	170	90	540	248,0	261,8	a4	131,81	0,5043	18
80	−120	160	120	520	244,0	246,2	a5	147,96	0,5516	17
75	−100	150	150	500	240,0	231,1	a6	159,81	0,5850	14
70	−80	140	180	480	236,0	216,5	a7	168,60	0,6091	11
65	−60	130	210	460	232,0	202,5	a8	175,06	0,6264	9
60	−40	120	240	440	228,0	189,4	a9	179,63	0,6385	7
55	−20	110	270	420	224,0	177,2	a10	182,62	0,6464	4
50	0	100	300	400	220,0	166,1	a11	184,25	0,6506	2
45	20	90	300	380	216,0	156,5	a12	184,68	0,6517	1
40	40	80	360	360	212,0	148,6	a13	184,03	0,6500	3
35	60	70	390	340	208,0	142,7	a14	182,40	0,6458	5
30	80	60	420	320	204,0	139,1	a15	179,87	0,6392	6
25	100	50	450	300	200,0	137,8	a16	176,49	0,6302	8
20	120	40	480	280	196,0	139,1	a17	172,32	0,6191	10
15	140	30	510	260	192,0	142,7	a18	167,38	0,6058	12
10	160	20	540	240	188,0	148,6	a19	161,72	0,5903	13
5	180	10	570	220	184,0	156,5	a20	155,36	0,5726	15
0	200	0	600	200	180,0	166,1	a21	148,31	0,5526	16

3.5   Verlust- oder Gewinnsituation

Ein Verlust $x_{i,k} < 0$ löst eine Verlustsituation aus, wenn er den Gesamtbesitz x löscht: $x = c + x_{i,\,k} \leq 0$, und damit den Definitionsbereich der Nutzenfunktion $y(x)$ verlässt. Die Extremwerte aller Ergebnisse $x_{i,\,k}$ eines Entscheidungsproblems seien min und max.

3.5 Das folgende Beispiel zeigt Entscheidungen unter den Perspektiven Verlust und Gewinn: Fahrer können ihr Ziel über zwei verschiedene Routen erreichen, die in den drei Verkehrssituationen s_k „freie Fahrt, mittlere oder hohe Verkehrsdichte" beurteilt werden. Ihr Informationsstand zum Zeitpunkt der Reise sind die Fahrtzeiten $t_{i,k}$, die mit den Wahrscheinlichkeiten $p_{i,k}$ zu erwarten sind. Die Route a_2 führt durch eine Innenstadt, a_1 ist die Umgehung. Die Alternativen sind $A_1 = (-20, \frac{1}{4}; -25, \frac{1}{2}; -30, \frac{1}{4})$ und $A_2 = (-5, \frac{1}{4}; -15, \frac{1}{4}; -40, \frac{1}{2})$ mit dem gleichen Erwartungswert $\mu(A_1) = \mu(A_2) = -25$. Ein gesetzter Fahrer verfüge über das Zeitvermögen $c_1 = 50$ mit der Zeitreserve von $c_1 + \min = 50 - 40 = 10$ (Fall 1). Ein in Zeitnot geratener Fahrer habe das Zeitvermögen $c_2 = 5$ mit der maximalen Zeitreserve von $c_2 + \max = 5 - 5 = 0$ (Fall 2).

3.6 Wir behandeln Ergebnisse unter dem Aspekt einer Gewinnsituation, wenn das Vermögen c größer als der Betrag des Maximalverlusts $\min < 0$ ist: $c + \min > 0$.

Durch die positive Zeitreserve $c_1 + \min = 10$ können die Zeitverluste im Fall 1 nach Art. 3 bewertet werden; sie ergeben die Überschüsse $X_1 - c_1 = -25{,}3$ und $X_2 - c_1 = -30{,}1$ mit $y(X_1) = -0{,}7$ und $y(X_2) = -0{,}9$ (s. *Aufgabe 2*, Anhang). Der Fahrer mit der positiven Zeitreserve bevorzugt die Umgehung a_1 gegenüber der riskanten Route a_2.

3.7 Wir behandeln Ergebnisse unter dem Aspekt einer Verlustsituation, wenn das Vermögen c nicht größer als der Betrag des Maximalverlusts $\min < 0$ ist: $c + \min \leq 0$.

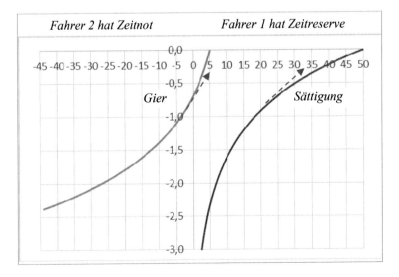

Abb. 3.2 Der logarithmische Nutzenzuwachs $-y(-t)$ und $y(t)$ bei Zeitverlusten

Vom Standpunkt der Zeitnot des Fahrers behandeln wir die Zeitverluste im Fall 2 mit der Variante $-(\ln(-(-c_2+t_{i,k}))-\ln(c_2))$ nach Art. 3 und erhalten Überschüsse $X_1+c_2=-24{,}8$ und $X_2+c_2=-20{,}2$ mit $y(X_1)=-1{,}8$ und $y(X_2)=-1{,}6$ (s. *Aufgabe 2*, Anhang).

Der in Zeitnot geratene Fahrer nimmt die (riskante) Stadtroute a_2. Die Kurve seines Nutzenzuwachses verläuft konvex: $(-y(-t))''=(-t)^{-2}>0$. Das heißt: der Fahrer in Zeitnot will Zeitverluste verhindern und Zeit gegenüber dem zu erwartenden Verlust gewinnen; dabei sorgt seine Verspätung für einen Nutzenzuwachs, der sich nicht sättigt und der Fahrer wird gierig (Abb. 3.2).

Die Risikofreude in Verlustsituationen als Konsequenz des Art. 3 hat Kroll (2010) in einer verallgemeinerten empirischen Analyse auch bei Zeitverlusten nachgewiesen; hier zeigt sich am besten wie gut Bernoullis Theorie und sein Modell mit der Erfahrung übereinstimmt: Auch der Fahrer 1 will Zeitverluste verhindern, doch aus der Sicht seiner Zeitreserve hat er beim Zeitgewinn einen Nutzenzuwachs, der sich sättigt (Abb. 3.2). Ein Fahrer mit einem hinreichend großen Zeitvermögen bewertet unsichere Zeitersparnisse nicht höher als unsichere Gewinne.

Potenznutzen

4

Inhalt: Das *Modell des Potenznutzens* entsteht durch eine Modifikation des Ansatzes von Bernoulli. Neben dem *Vermögen des Investors* bestimmt der *Grad seiner Risikoscheu* den Nutzenzuwachs seines unsicheren Gewinns. Typische Einstellungen in *Gewinn-* oder *Verlustsituationen* werden gesucht. Das *optimale Portfolio* aus Kap. 3 wird durch das *Modell des Potenznutzens* bestimmt und mit einer *statistischen Entscheidungsanalyse* verglichen.

4.1 Gewinn und Nutzen

Um die Gegensätze der Perspektiven von Gewinn und Verlust zu verbinden, erweitern wir das Modell des Art. 3 und bestimmen einen Nutzenüberschuss für Verluste ($x_k < 0$) und Gewinne ($x_k \geq 0$) durch eine konvexe Kurve $u(-x)$ und eine konkave Kurve $u(x)$.

4. Wir bleiben beim grundlegenden Ansatz von Art. 3 und verallgemeinern den umgekehrt proportionalen Faktor (Besitz) x, sodass ein marginaler Gewinnzuwachs dx den Nutzenzuwachs dv bewirkt:

$$dv = \frac{a\,dx}{x^{1-\alpha}} = ax^{\alpha-1}\,dx.$$

Wächst das Vermögen c um den Gewinn x_0, ist der Nutzenüberschuss:

$$v(x) = \int_c^{c+x_0} \left(ax^{\alpha-1}\right) dx = \frac{a}{\alpha}\left((c+x_0)^\alpha - c^\alpha\right), \text{ mit } x = c + x_0.$$

Die Gesamtbesitze $c + x_k$ ergeben den zu erwartenden Gesamtüberschuss:

$$\frac{a}{\alpha}\left(\sum_{k=1}^m p_k(c+x_k)^\alpha\right) - \frac{a}{\alpha}c^\alpha;$$

© Springer Fachmedien Wiesbaden GmbH, ein Teil von Springer Nature 2020
S. Weinmann, *Normatives Entscheiden,* essentials,
https://doi.org/10.1007/978-3-658-31390-6_4

oder

$$v(X) = \frac{a}{\alpha}(X^\alpha - c^\alpha),$$

mit.

$$X = \left(\sum\nolimits_{k=1}^{m} p_k(c + x_k)^\alpha\right)^{\frac{1}{\alpha}}.$$

Der Nutzen des Besitzes eines Vermögens c ist proportional zu c^α (statt zu $\ln(c)$, Art. 3) und wie beim logarithmischen Nutzen entsteht für Verluste ein negativer Nutzen $v(x) = v(c + x_k) < 0$, der sich sättigt $v''(x) < 0$ und optimal ist, wenn der Verlust $x_k < 0$ das Vermögen c löscht. Bei diesem erweiterten Ansatz wird das Äquivalent X als gewogenes Mittel der Potenz der Ordnung α bezeichnet (vgl. Rinne 2003).

Hier bestimmen zwei Faktoren den Grad der Risikoscheu: Das Vermögen c (die Lage der Kurve) und der Risikograd α (die Form der Kurve). Die Anpassung der Kurve durch den Risikograd des Nutzers ist sinnvoll für den Fall, dass ein vermögender Investor auf die Rendite seiner Geldanlage ebenso achtet wie ein Investor mit einem geringen Vermögen. Auch beim Potenznutzen $v(x)$ erzeugen verschiedene Vermögen c_1 und c_2 bei gleichem Gewinn x_0 verschiedene Zuwächse $v(c_1 + x_0)$ und $v(c_2 + x_0)$. Ist die Beziehung des Nutzenzuwachses $v(x)$ zum Vermögen c umstritten, hilft ein normativer Ansatz, der das Vermögen c auf einen konstanten Wert setzt. Doch nicht bei Zeitverlusten t, weil hier das Zeitvermögen c einen geradezu objektiven Bezugspunkt darstellt (Art. 3.5, Abb. 3.2).

4.1 Bewerten wir den Fall $x = c + x_k < c$ für Verluste $x_k < 0$ mit dem Risikograd β, ist der Nutzenzuwachs mit $v''(-x) > 0$:

$$v(-X) = -\frac{b}{\beta}((-X)^\beta - c^\beta).$$

mit

$$-X = \left(\sum\nolimits_{k=1}^{m} p_k(c - x_k)^\beta\right)^{\frac{1}{\beta}}, x_k < 0.$$

Die Parameter a, b, α und β müssen so gewählt werden, dass (Art. 3) der Betrag des Dis-Nutzens eines Verlusts größer ist als der Nutzen des gleichen Betrags des Gewinns: $|v(-x)| > v(x)$. Diese Bedingung ist für alle x erfüllt, wenn $a = b$ oder $a = \alpha$, $b = \beta$ sind und die Bedingung $\alpha < \beta$ erfüllt ist. Für $c \geq 1$ ist der für die Potenzfunktion kritische Bereich $|x| < 1$ ausgeschlossen (ebenso für $c = 0$, wenn $x = 1$ die marginale Einheit ist).

Ob der Potenznutzen (die Form der Kurve bei α) gegenüber dem logarithmischen Nutzen (die Lage der Kurve bei c) vorteilhaft ist, soll durch die gemischte Bewertung von Verlusten $x_k < 0$ und Gewinnen $x_k \geq 0$ durch den Potenznutzen $u(\pm x)$ geprüft werden.

4.2 Nach den Überlegungen in Art. 4 setzen wir $a = \alpha$ und $b = \beta$ und fordern $\alpha < \beta$ für den Nutzenüberschuss:

$$u(X) = \begin{cases} (X^\alpha - c^\alpha), & x_k \geq 0 \\ -((-X)^\beta - c^\beta), & x_k < 0 \end{cases}.$$

Die verknüpfte Darstellung soll nicht darüber hinwegtäuschen, dass es sich um das Konstrukt zweier getrennter Bereiche handelt, dem negativen Nutzen $u(-x)$ mit $x_k < 0$ und dem Nutzen $u(x)$ mit $x_k \geq 0$, die jeweils ein eigenes Äquivalent X besitzen und $u(X)$ jeweils für ihren eigenen Bereich erfüllen.

Beim gemischten Fall gilt für die Extremwerte $\min < 0$ und $\max \geq 0$, sodass $u(-x)$ über dem Intervall $[c + \min, c]$ liegt und $u(x)$ über $[c, c + \max]$. Die Nutzenüberschüsse $u(x)$ und $u(-x)$ liegen für $x_k \in [\min, \max]$ über dem zusammengefügten Bereich $x \in [c + \min, c + \max]$; ihre Kurven sind in der Abb. 4.1 am gegebenen Beispiel $x_k \in [-200, 600]$ mit $\alpha = 0{,}75$ und $\beta = 0{,}85$ für $c = 0$ (dunkle Kurve) und $c = 100$ (helle Kurve) dargestellt. Die Biegungen der Kurven spiegeln die Risikograde α und β des Nutzers.

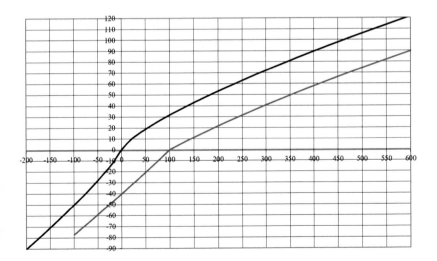

Abb. 4.1 Nutzenüberschuss $u(x)$ mit konvexer Kurve für $x < c$; $c = 0$ und 100

4.2   Risikoeinstellung

Für die analytische Bestimmung der Risikograde α und β versetzen wir den Nutzer in eine einfache Gewinn- oder Verlustsituation bei einem Vermögen $c = 0$.
4.3 Nach Art. 4 hat eine Alternative a_i mit unsicheren Gewinnen x_k in m Situationen den Erwartungsnutzen:

$$u(X(a_i)), X(a_i) = \left(\sum\nolimits_{k=1}^{m} p_k (c + x_k)^{\alpha} \right)^{\frac{1}{\alpha}}.$$

4.4 Für den Fall $m = 2$ Situationen (max, p; 0, $1 - p$) des Gewinns $x = max \geq 0$ mit der Chance p gilt für $u(x)$ mit $c = 0$:

$$X = (p max^{\alpha})^{\frac{1}{\alpha}} \text{ oder } X^{\alpha} = p max^{\alpha},$$

damit sind:

$$p = \left(\frac{X}{max} \right)^{\alpha} \text{ und } \alpha = \log_{\frac{x}{max}} (p).$$

4.5 Für den Fall $m = 2$ Situationen (min, p; 0, $1 - p$) des Verlusts $x = min < 0$ mit der Chance p gilt für $u(-x)$ mit $c = 0$:

$$-X = (p(-min)^{\beta})^{\frac{1}{\beta}} \text{ oder } (-X)^{\beta} = p(-min)^{\beta},$$

damit sind:

$$p = \left(\frac{X}{min} \right)^{\beta} \text{ und } \beta = \log_{\frac{x}{min}} (p).$$

4.6 Wir betrachten die Gewinnsituation $min = 0 \leq x \leq max$ und bestimmen den Grad der Risikoscheu α eines Nutzers mit einem Vermögen $c = 0$ für:

$$u(x) = \left(\frac{x}{max} \right)^{\alpha}.$$

Setzt man $\alpha = 3/4$, entspricht es einer risikoscheuen Einstellung der Art, dass ein Nutzer sich nicht entscheiden kann, ob er beispielsweise den sicheren Gewinn von 400 € einem 50 % wahrscheinlichen Gewinn von 1000 € vorziehen soll oder nicht. Eine unsichere Anlage wie (1000 €, 50 %; 0 €, 50 %) bezeichnet man als Lotterie und der sichere Gewinn 400 € heißt Sicherheitsäquivalent S der unsicheren Anlage, wenn der Nutzer bei der Wahl zwischen der Lotterie (1000 €, 50 %; 0 €, 50 %) und (400 €, 100 %) indifferent ist. Die Risikoscheu lässt sich daran erkennen, dass der Nutzer sein S so wählt, dass es unter dem Erwartungswert μ (500 €) der unsicheren Anlage liegt. Der Nutzer wäre ebenso indifferent bei der Wahl zwischen dem sicheren Erwartungswert (500 €) und der Lotterie (1000 €, 50 %; 0 €, 50 %) plus dem Differenzbetrag $R = \mu - S$ des Erwartungswerts der Lotterie μ und des Sicherheitsäquivalents S; R (100 €) nennt man die Risikoprämie des Nutzers (Art. 3, Abb. 3.1 und Art. 5.4).

Für die Referenzlotterie (max, p; 0, $1 - p$) mit ihrem Sicherheitsäquivalent S sind $u(\max) = 1$, $u(0) = 0$, $u(S) = p$ und $u(x)$ hat den Risikograd:

$$\alpha = \log_{\left(\frac{S}{\max}\right)}(p).$$

Für den Fall (1000 €, 50 %; 0 €, 50 %) sind max = 1000, $S = 400$ und $u(400) = 0,5$ und damit $\alpha = \log_{\left(\frac{2}{5}\right)}(0,5) \approx 0,75$.

4.7 Wir betrachten eine Verlustsituation min $\leq x < 0 = $ max und bestimmen den Grad der Risikofreude β eines Nutzers mit einem Vermögen $c = 0$ für:

$$u(-x) = -\left(\frac{x}{\min}\right)^{\beta}.$$

Setzt man $\beta = {}^{5}\!/_{6}$, ist der Nutzer in Verlustsituationen risikofreudig eingestellt, und er wird bei der Wahl zwischen der Lotterie (−1000 €, 50 %; 0 €, 50 %) und dem Sicherheitsäquivalent −450 €, d. h. dem sicheren Verlust (−450 €, 100 %), indifferent sein. Die negative Risikoprämie (−50 €) ist das Zeichen der Risikofreude ($R < 0$).

Für die Referenzlotterie (min, p; 0, $1 - p$) mit ihrem Sicherheitsäquivalent S sind $u(\min) = -1$, $u(0) = 0$, $-u(S) = p$ und $u(x)$ hat den Risikograd:

$$\beta = \log_{\left(\frac{S}{\min}\right)}(p).$$

Für den Fall (−1000 €, 50 %; 0 €, 50 %) sind min = −1000, $S = -450$, $-u(-450) = 0,5$ und damit $\beta = \log_{\left(\frac{45}{100}\right)}(0,5) \approx 0,85$.

4.3 Nutzeranalyse

Die deskriptive Analyse zur Bestimmung der Einstellung eines Nutzers zum Risiko kann auf der Basis einer Referenzlotterie (x €, p %; 0 €, $1-p$ %) erfolgen, bei der entweder x oder p variiert und die Versuchsperson nach ihrem Sicherheitsäquivalent gefragt wird (Mittelwert-Kettungs- und Fraktil-Methode), oder es wird bei einer Vorgabe von x und einem sicheren Gegenwert W nach der Wahrscheinlichkeit p gefragt (Methode variabler Wahrscheinlichkeiten, vgl. Eisenführ et al., 2010 und Farquhar, 1984).

Die Ergebnisse aus etwa 500 Versuchen mit Masterstudierenden weisen darauf
hin, dass Sicherheitsäquivalente oft nur zögernd von den Probanden genannt
werden können. Ob die oben erwähnten Methoden geeignet sind, die Einstellung
des Nutzers zum Risiko wahrhaftig herauszufinden, ist stark zu bezweifeln
(s. *Kritik*, Art 4.12).

4.8 Um das Sicherheitsäquivalent zuverlässiger herausfinden zu können, muss
die Methode einfacher sein. Geht man auf bi-nominale statt direkt auf metrische
Information aus, wie beispielsweise durch die Vorgabe der Lotterie (100 €, 50 %;
0 €, 50 %) und eine Reihe von sicheren Alternativen, lässt sich das Sicherheitsäquivalent durch Schachtelung bestimmen, wie beispielsweise durch die Fragen 1):
Ziehen Sie den sicheren Betrag von 50 € der Lotterie vor? – Bei „ja" 2): Ziehen Sie
auch den sicheren Betrag von 10 € der Lotterie vor? – Bei „nein" 3): Bleiben Sie bei
der Lotterie, wenn der sichere Betrag auf 30 € erhöht wird? – Bei „ja" 4): Bleiben
Sie bei der Lotterie, wenn der sichere Betrag auf 40 € erhöht wird? – Bei „ja" Frage
5): Bleiben Sie bei der Lotterie, wenn der sichere Betrag auf 45 € erhöht wird? –
Jetzt (oder später) könnte die Antwort lauten: „Ich weiß nicht, vielleicht" und das
Sicherheitsäquivalent und damit die Einstellung des Nutzers wären nahezu bekannt.
(Versuche dieser Art findet man schon bei von Neumann und Morgenstern, 1943).

Durch Schachtelung mit den Lotterien (±100 €, 50 %; 0 €, 50 %) sind in mehr
als 100 Versuchen mit Studierenden typische Einstellungen der Nutzer (im Alter
von etwa 20 bis 30 Jahren) herausgefunden worden. Für den Nutzen u mit den
Risikograden α und β zeigen sich folgende Trends: Der Grad der Risikoscheu
bei einer Gewinnerwartung liegt im Bereich $1/2 < \alpha < 1$, mit dem Modus $\alpha \approx 3/4$.
Bei einer Verlusterwartung liegt die Risikofreude im Bereich $3/5 < \beta < 1$ mit dem
Modus $\beta \approx 5/6$. Der Trend $\alpha < \beta$ bestätigt die aus Art. 3 abgeleitete Beziehung
$|u(-x)| > u(x)$, wodurch beim Gros der Probanden die Risikofreude bei Verlusten
schwächer ist als die Risikoscheu bei Gewinnen: $|r(-x)| < |r(x)|$ (Art. 5.2) für $\alpha < \beta$
und $|x| > 1$. Der Abstand $\beta - \alpha > 0$ ändert den Abstand $|u(-x)| - u(x) > 0$ und hat
dadurch mehr Gewicht als die Risikograde α und β für sich selbst.

4.4   Entscheidungsanalyse

Wir entscheiden für einen Nutzer mit dem Vermögen $c = 201$ € (das den
Maximalverlust übersteigt, Art. 3.4) und den Risikograden $\alpha = 0,75$ bei
Gewinnen, $\beta = 0,85$ bei Verlusten, entsprechend dem Nutzenmodell nach Art. 4.2.

4.9 Für die Mischungen a_i der beiden Aktien mit den Kurswerten $A_{1,\,k}$ und
$A_{2,\,k}$ in den Situationen k ist das optimale Portfolio die Investition des Betrags
$B = 1000$ € mit dem Anteil $z_i B$ der Aktie A_1. Für $x_{i,\,k} \in$ [min, max] und Preise
$w_1 = 10$ €, $w_2 = 50$ € der Aktien A_1, A_2 lautet das System:

maximiere $u(X(a_i)) = \sum_{k=1}^{m} p_k u_{i,k},$

mit $u_{i,k} = \begin{cases} (c + x_{i,k})^{\alpha} - c^{\alpha}, & x_{i,k} \geq 0 \\ -((c - x_{i,k})^{\beta} - c^{\beta}), & x_{i,k} < 0 \end{cases}.$

und $x_{i,k} = z_i \left(\frac{B}{w_1}\right) A_{1,k} + (1 - z_i)\left(\frac{B}{w_2}\right) A_{2,k} - B,$
$0 \leq z_i \leq 1.$

Die Rangfolge der Mischungen und ihre Erwartungsnutzen sind neben den Nutzen der Gewinne (Renditen) $x_{i,\,k}$ in der Tab. 4.1 abgebildet. Für einen Investor mit $c = 201$ €, den Risikograden $\alpha = 0{,}75$ bei Gewinnen und $\beta = 0{,}85$

Tab. 4.1 Potenzieller Erwartungsnutzen der Mischungen für $c = 201$ €

$u(X)$	$S\,1$	$S\,2$	$S\,3$	$S\,4$	Erw. Rendite	Volatilität	E-Nutzen		
Anteil A1 [%]	0,2	0,3	0,1	0,4	μ	σ	$u(X)$	Rang	Portfolio
100	−72,46	36,23	0,00	97,18	260,0	310,5	35,25	15	a1
95	−65,51	34,35	5,87	94,35	256,0	294,0	35,59	14	a2
90	−58,52	32,85	11,55	91,51	252,0	277,7	35,91	12	a3
85	−51,46	31,15	17,07	88,64	248,0	261,8	36,22	11	a4
80	−44,34	29,44	22,45	85,76	244,0	246,2	36,51	9	a5
75	−37,15	27,71	27,71	82,85	240,0	231,1	36,79	8	a6
70	−29,89	25,97	32,85	79,93	236,0	216,5	37,07	7	a7
65	−22,55	24,22	37,90	76,98	232,0	202,5	37,34	5	a8
60	−15,13	22,45	42,85	74,01	228,0	189,4	37,60	4	a9
55	−7,62	20,68	47,72	71,02	224,0	177,2	37,86	2	a10
50	0,00	18,88	52,51	68,00	220,0	166,1	38,12	1	a11
45	3,94	17,07	57,23	64,96	216,0	165,5	37,62	3	a12
40	7,78	15,25	61,89	61,89	212,0	148,6	37,08	6	a13
35	11,55	13,41	66,48	58,79	208,0	142,7	36,50	10	a14
30	15,25	11,55	71,02	55,67	204,0	139,1	35,89	13	a15
25	18,88	9,68	75,50	52,51	200,0	137,8	35,23	16	a16
20	22,45	7,78	79,93	49,33	196,0	139,1	34,55	17	a17
15	25,97	5,87	84,31	46,11	192,0	142,7	33,83	18	a18
10	29,44	3,94	88,64	42,85	188,0	148,6	33,07	19	a19
5	32,85	1,98	92,93	39,56	184,0	156,5	32,28	20	a20
0	36,23	0,00	97,18	36,26	180,0	166,1	31,46	21	a21

bei Verlusten ist die Mischung a_{11} mit 50 % $B = 500$ € Anteile beider Aktien (50 Stück A_1, 10 Stück A_2) optimal.

Die Wahl der Mischung a_{11} ist das Produkt aus der Charakteristik der Kurve des Potenznutzens mit dem konvexen Verlauf (β) bei Verlusten und dem konkaven Verlauf (α) bei Gewinnen kombiniert mit der Höhe des Vermögens $c = 201$ €.

Der Vergleich mit dem Rang des logarithmischen Nutzens (Art. 3.4, Tab. 3.1) zeigt beim Potenznutzen eine etwas höhere Bereitschaft zum Risiko ($a_{11} \succ a_{12}$), das bei gleichem Vermögen c durch die Formdifferenz $\beta - \alpha \approx 0{,}1$ der Kurven des Potenznutzens $u(-x)$ und $u(x)$ zustande kommt (und weniger durch die absoluten Werte α und β selbst).

Die Schlussfrage lautet: In welchem Verhältnis steht das optimale Portfolio des Nutzers zu den in der Portfoliotheorie als effizient bezeichneten markanten Mischungen?

4.5   Portfolioanalyse

Der Zweck dieses Abschnitts ist lediglich der Vergleich zwischen den Ergebnissen der Nutzenmaximierung und denen der Portfolioanalyse. Der Wechsel der Perspektive hat den Vorteil, dass das optimale Portfolio (nach dem Erwartungsnutzen, Art. 3.4, 4.9) vom Blickwinkel der statistischen Analyse einer Wertpapiermischung beurteilt werden kann. Für einen umfassenden und vertieften Umgang mit dem Thema Portfoliomanagement ist Spremann (2008) zu empfehlen.

Dem Ansatz von Bernoulli (1738, Art. 3.3) und der Portfoliotheorie von Markowitz (1952) zufolge kann die Volatilität (das stochastische Risiko σ) einer Mischung gesenkt werden, ohne dass ihre erwartete Rendite μ kleiner wird, wenn die Lotterien A_1 und A_2 mit $\rho < 1$ korrelieren. Für $\rho < 1$ ist das Maß der Diversifikation $\delta > 0$. Für $\rho = -1$ ist das Maß der Diversifikation δ maximal.

4.10 Bezeichnen μ_1 und μ_2 die Erwartungswerte der Lotterien A_1 und A_2, σ_1 und σ_2 ihre Volatilitäten, p_k die Wahrscheinlichkeit ihrer erwarteten Rendite $x_{i,k}$ in Situation k, ist ihre Korrelation:

$$\rho(A_1, A_2) = \frac{\sum_{k=1}^{m} p_k (x_{1,k} - \mu_1)(x_{2,k} - \mu_2)}{\sigma_1 \sigma_2}, \rho(A_1, A_2) \in [-1, 1].$$

Für eine Mischung a_s mit den Anteilen z_1 und z_2 der Lotterien A_1 und A_2 ist ihre Volatilität:

$$\sigma_s = \sqrt{(z_1 \sigma_1)^2 + (z_2 \sigma_2)^2 + 2(z_1 \sigma_1)(z_2 \sigma_2)\rho(A_1, A_2)}, z_1 + z_2 = 1.$$

Für eine Mischung a_s ist der Abstand ihrer Volatilität σ_s vom (gewichteten) Mittelwert der Volatilitäten σ_1 und σ_2 der Lotterien A_1 und A_2 ihr Diversifikationsmaß:

$$\delta_s = z_1\sigma_1 + z_2\sigma_2 - \sigma_s, z_1 + z_2 = 1.$$

Mit der Korrelation $\rho(A_1, A_2) = -0{,}13$ sind unsere beiden Aktien praktisch linear unabhängig und für ein Mischportfolio geeignet. Gesucht sind diejenigen Anteile z_i der Lotterien A_i, die objektive, d. h. von der Einstellung des Nutzers unabhängige Optima erzielen.

Vier optimale Mischungen a_s mit den folgenden statistischen Maßen sind gesucht: 1) das Portfolio mit minimaler Varianz σ_s, 2) das Portfolio mit dem Maximum des Quotienten μ_s/σ_s, 3) das Portfolio mit der maximalen Diversifikation δ_s und 4) das Portfolio mit dem maximalen Gewinn unter der Bedingung, dass eine Volatilität v nicht überschritten werden darf.

Die Lösung (4) erzielt das System:

maximiere den Gewinn $f_1 z_1 + f_2 z_2$ (Zielfunktion)

unter den Bedingungen $\sigma_s \leq v$ (Risikolimit),

                          $z_1 + z_2 = B$ (Summe der Anteile)

                          $z_1, z_2 \geq 0$ (nichtnegative Anteile).

Bezeichnen μ_1 und μ_2 die Erwartungswerte der Lotterien A_1 und A_2, σ_1 und σ_2 ihre Volatilitäten, f_1 und f_2 die Faktoren der Anteile z_1 und z_2, σ_s die Volatilität der Mischung, dann sind durch $\mu_1 = 26{,}0$ und $\mu_2 = 18{,}0$ (Tab. 4.2) die Werte $f_1 = (1 + \mu_1 \cdot 0{,}01) = 1{,}26$ und $f_2 = (1 + \mu_2 \cdot 0{,}01) = 1{,}18$. Mit $v = 17{,}0$ und $B = 1000$ € ist das Gleichungssystem (4) vollständig definiert.

Die Anteile $z_1 = 518$ € und $z_2 = 482$ € der Aktien A_1 und A_2 haben den maximal erwarteten Gewinn 221 € bezüglich des Limits v (der Volatilität einer Mischung). Die theoretische Mischung der Anteile (52:48) entspricht nicht der Stückelung der Aktien. Die am nächsten liegende Aufteilung ergibt das Portfolio ($a11$): 50 Stück der Aktie A_1 und 10 Stück der Aktie A_2, also eine 50:50 Mischung beider Aktien. Mit einer Volatilität von $\sigma_s = 16{,}6 < v = 17{,}0$ (Tab. 4.2) ist die Bedingung der optimalen Lösung erfüllt.

Die weiteren drei effizienten Mischungen (das Minimum-Varianz-Portfolio σ_s, das Portfolio des maximalen Verhältnisses μ_s/σ_s und das Portfolio mit der maximalen Diversifikation δ_s) sind Lösungen des Gleichungssystems in modifizierter Form; die Ergebnisse sind in der Tab. 4.2 zusammengefasst und in der Abb. 4.1 grafisch dargestellt.

Auf der Kurve der Abb. 4.2 liegen die Koordinaten (erwartete Rendite μ und ihre Volatilität σ) der effizienten Mischungen. Das Minimum-Varianz-Portfolio

Tab. 4.2 Optimales Portfolio und statistische Maße der effizienten Portfolios

Rendite [%]	$S\,1$	$S\,2$	$S\,3$	$S\,4$	Erwartung	Volatilität			Divers.	Erw.
Anteil A1 [%]	0,2	0,3	0,1	0,4	μ	σ	Portfolio	$\mu \div \sigma$	δ	Gewinn
100	−20	20	0	60	26,0	31,0	a1	0,84	0,00	260
95	−18	19	3	58	25,6	29,4	a2	0,87	0,93	256
90	−16	18	6	56	25,2	27,8	a3	0,91	1,83	252
85	−14	17	9	54	24,8	26,2	a4	0,95	2,70	248
80	−12	16	12	52	24,4	24,6	a5	0,99	3,54	244
75	−10	15	15	50	24,0	23,1	a6	1,04	4,33	240
70	−8	14	18	48	23,6	21,6	a7	1,09	5,07	236
65	−6	13	21	46	23,2	20,3	a8	1,15	5,74	232
60	−4	12	24	44	22,8	18,9	a9	1,20	6,34	228
55	−2	11	27	42	22,4	17,7	a10	1,26	6,84	224
50	0	10	30	40	22,0	16,6	a11	1,32	7,22	220
45	2	9	33	38	21,6	15,7	a12	1,38	7,46	216
40	4	8	36	36	21,2	14,9	a13	1,43	7,52	212
35	6	7	39	34	20,8	14,3	a14	1,46	7,39	208
30	8	6	42	32	20,4	13,9	a15	1,47	7,04	204
25	10	5	45	30	20,0	13,8	a16	1,45	6,44	200
20	12	4	48	28	19,6	13,9	a17	1,41	5,59	196
15	14	3	51	26	19,2	14,3	a18	1,35	4,50	192
10	16	2	54	24	18,8	14,9	a19	1,26	3,19	188
5	18	1	57	22	18,4	15,7	a20	1,18	1,68	184
0	20	0	60	20	18,0	16,6	a21	1,08	0,00	180

optimales Portfolio $u(x,\alpha,\beta,\ c)$ $y\ (x,c)$

$\max(\delta)$

effiziente Portfolios

(a16, mit 25:75 Anteilen von A_1 zu A_2) erzielt eine erwartete Rendite von $\mu = 20{,}0$ bei $\sigma = 13{,}8$; darüber liegen die Punkte des Portfolios mit dem maximalen Verhältnis von $\mu/\sigma = 1{,}47$ (a15, mit 30:70 Anteilen) mit der maximalen Diversifikation $\delta = 7{,}52$ (a13, mit 40:60 Anteilen). Der gelbe Punkt markiert das für den Nutzer des Modells Art. 4.2 optimale Portfolio (a11, mit 50:50 Anteilen) mit dem erwarteten Gewinn von 220 € und den Maßen $\mu = 22{,}0$ bei $\sigma = 16{,}6$ sowie $\mu/\sigma = 1{,}32$ und $\delta = 7{,}22$. Der grüne Punkt markiert das für den Nutzer des Modells Art. 3 optimale Portfolio (a12, mit 45:55 Anteilen) mit dem erwarteten Gewinn von 216 € und den Maßen $\mu = 21{,}6$ bei $\sigma = 15{,}7$ sowie $\mu/\sigma = 1{,}38$ und $\delta = 7{,}46$.

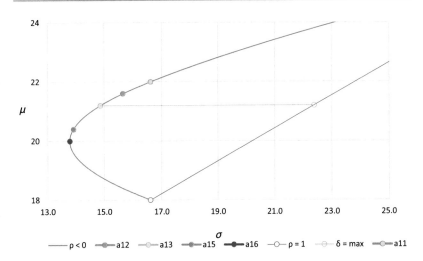

Abb. 4.2 Empfohlene Mischungen der Entscheidungs- und Portfolioanalyse

4.6 Zusammenfassung

Mischungen, die weniger als 25 % Anteile der Aktie A_1 besitzen sind hier ineffizient. Im Allgemeinen nennt Markowitz (1959) eine Aktie B ineffizient gegenüber (dominiert von) einer Aktie A, wenn A eine höhere erwartete Rendite und eine geringere Volatilität als B hat. Alle weiteren Mischungen bis zu einem Anteil von 50 % der Aktie A_1 kommen zur Auswahl infrage. Die 50:50 Mischung ($a11$) verspricht den maximalen Gewinn 220 €, bringt sonst aber keine Vorteile bezüglich der statistischen Merkmale. Das optimale Portfolio ($a12$) erfüllt die Präferenz des Investors bei maximalem logarithmischen Erwartungsnutzen, es hat die höchste Gewinnerwartung 216 € gegenüber allen effizienten Mischungen der Portfolioanalyse ($a13$, $a15$, $a16$) und es liegt nahe bei den Maxima der statistischen Kriterien μ/σ und δ. Die Ergebnisse der Nutzenmaximierung (Art. 3.4, 4.9) und der statistischen Portfolioanalyse (Art. 4.10) fügen sich zusammen (Abb. 4.2).

Nutzenmodelle und sicherer Gewinn 5

Inhalt: Die Diskussion der *Nutzenmodelle* aus Kap. 3 und 4. Das *Standardmaß der Risikoaversion*. Die Eigenschaften des logarithmischen Nutzens, des Potenznutzens, des exponentiellen Nutzens und statistischer Regeln in einem Vergleich. Das Problem der *Versicherung eines unsicheren Gewinns* und die Beziehung des Subjekts zum Prädikat einer Entscheidung. Der Nutzenzuwachs wird auf die sachliche Ebene der Geldbeträge projiziert. Der Preis des Gewinnspiels aus Kap. 2 stellt sich heraus. Das Fazit und der Schluss.

5.1 Diskussion

Anstelle der Logarithmusfunktion (Art. 3) können weitere Funktionen eingesetzt werden, die die Axiome der Nutzenmaximierung erfüllen (Vollständige Ordnung, Stetigkeit und Unabhängigkeit) und ihre linearen Transformationen (vgl. auch Herstein, Milnor, 1953).

5. Die typische Form einer Nutzenkurve ist streng monoton und konvex im Bereich der Verluste und konkav im Bereich der Gewinne (vgl. Fishburn, Kochenberger, 1979). Eine allgemeingültige Nutzenfunktion gibt es nicht, nur das für einen bestimmten Zweck geeignete Modell. Geht es um den Nutzen eines Geldgewinns (oder eines Zeitverlusts) werden oft Exponentialfunktionen oder Potenzfunktionen (Art. 4) oder streng monotone Abschnitte eines Polynoms verwendet. Daneben werden auch statistische Regeln $\Phi(a_i)$ zur Bestimmung des Rangs von Alternativen a_i eingesetzt. Bis auf die einfachste Form $\Phi(a_i) = \mu(a_i) - \sigma(a_i)$, am Ende der ersten Entscheidungsanalyse (Art. 3.4), haben wir keine (μ, σ)-Regel ins Spiel gebracht.

© Springer Fachmedien Wiesbaden GmbH, ein Teil von Springer Nature 2020
S. Weinmann, *Normatives Entscheiden*, essentials,
https://doi.org/10.1007/978-3-658-31390-6_5

5.1 Das Dominanzprinzip für Situationen k: $x_{i,\ k} < x_{j,\ k} \Leftrightarrow \Phi(a_i) < \Phi(a_j)$ kann durch μ-σ-Regeln verletzt werden, mit Ausnahme der Regel $\Phi(\mu, \sigma) = a \cdot \mu - b(\mu^2 + \sigma^2)$, die dem quadratischen Nutzen $U(x) = ax - bx^2$ entspricht, mit $a > 0$, $b > 0$ und $x \leq \frac{1}{2}a/b$ (vgl. Laux, 2012).

5.2 Die Risikoaversion einer Nutzenfunktion $\Phi(x)$ wird durch $r(x) = -\Phi''(x)/\Phi'(x)$ und $x \cdot r(x)$ gemessen (vgl. Pratt, 1964). Für Gewinne ($x > 0$) ist $r(x) > 0$ der absolute und $x \cdot r(x)$ der relative Grad der Risikoscheu. Die Maße sind gegenüber positiven linearen Transformationen ($a + b \cdot \Phi(x)$, $b > 0$) invariant.

Die Grundform der Exponentialfunktion $e^{\gamma x}$ lässt einen Schwachpunkt erkennen, der problemspezifische Feinabstimmungen ihrer Varianten $a + b \cdot e^{\gamma x}$ erforderlich macht, um die Vorstellung des Nutzers bezüglich der Verhältnisse der Nutzen seiner Objekte und seine Entscheidung überzeugend zu treffen (vgl. Eisenführ et al., 2010 sowie Keeney und Raiffa, 1976).

Ein Beispiel zeigt den wesentlichen Unterschied zwischen den Grundformen des exponentiellen Nutzens $e^{\gamma x}$ und des Potenznutzens x^β: Eine Kundin einer Parfümerie steht zunächst vor der Wahl zwischen zwei Hautcremes (A$_1$ und A$_2$) zu den Preisen von 10 € und 20 €; kurz darauf findet sie zwei exklusive Duftwässer (A$_3$ und A$_4$), das eine Flacon für 100 €, das andere für 110 €, auch hier will sie nur eines von beiden kaufen. Die Frage lautet: Welche der beiden Entscheidungen fällt ihr leichter, wenn die Produkte A$_1$ und A$_2$ sowie A$_3$ und A$_4$ sich paarweise kaum unterscheiden und der Preis eine Rolle spielt?

Für eine Kundin des Typs $e^{\gamma x}$ sind beide Entscheidungen gleich schwer, da die Verhältnisse von A$_1$ zu A$_2$ und A$_3$ zu A$_4$ für sie gleich sind und nur die Differenz der Geldverluste für sie zählt:

$$\frac{e^{-10\gamma}}{e^{-20\gamma}} = \frac{e^{-100\gamma}}{e^{-110\gamma}} = e^{10\gamma}.$$

Einer Kundin des Typs x^β fällt die Entscheidung zwischen den Hautcremes A$_1$ und A$_2$ leichter als die Entscheidung zwischen den Parfums A$_3$ und A$_4$, da die Relation der Preise für sie ins Gewicht fällt:

$$\frac{-(10^\beta)}{-(20^\beta)} = 0{,}5^\beta \neq \frac{-(100^\beta)}{-(110^\beta)} \approx 0{,}91^\beta \text{ für } \beta \neq 0.$$

Auch der logarithmische Nutzen kann die Verhältnisse der Preise der Produktpaare voneinander unterscheiden:

$$\frac{-\ln(10)}{-\ln(20)} \approx 0{,}77 \neq \frac{-\ln(100)}{-\ln(110)} \approx 0{,}98.$$

Für Gewinne ($x > 0$) haben die Nutzenfunktionen folgende Merkmale: Aus $e^{\gamma x} = x^{\alpha}$ folgt $\gamma = \alpha \ln(x) \, x^{-1}$, d. h. γ variiert gegenüber α, und der absolute Risikograd ist konstant: $r(x) = -\gamma^2 \, e^{\gamma x}/\gamma \, e^{\gamma x} = -\gamma$. Der exponentielle Nutzen eignet sich nicht für den Vergleich der Nutzenverhältnisse. Die allgemeine Form des exponentiellen Nutzens $a + b \cdot e^{\gamma x}$ kann durch $a > 0$ Nutzenverhältnisse voneinander unterscheiden. Durch $\gamma = -r(x)$ lässt sich der Grad der Risikoscheu des Nutzers anpassen, beispielsweise (mit allgemein: $b < 0$, $\gamma < 0$) durch $\Phi(x) = 1 - e^{-0,01x}$.

Die Beziehung zwischen dem Potenznutzen und dem logarithmischen Nutzen wird durch die Exponentialfunktion hergestellt: $x^{\alpha} = e^{\alpha \ln(x)}$.

Der Vergleich der Grundformen des Logarithmus $\ln(x)$ und der Potenzfunktion x^{α} bezüglich ihrer Risikomaße zeigt, dass der Logarithmus mit $r(x) = x^{-1}$ und $x \, r(x) = 1$ eine konstante relative Risikoscheu hat, ebenso wie die Potenzfunktion, die den Grad α der Risikoscheu durch die Form ihrer Kurve ausdrückt: $r(x) = (1 - \alpha) \, x^{-1}$ und $x \, r(x) = (1 - \alpha)$.

5.2 Versicherter Gewinn

Wir kommen zurück auf das logarithmische Modell von Daniel Bernoulli (Art. 3) und unterstreichen die Beziehung des Subjekts zum Prädikat einer Entscheidung durch ein Problem, das den Nutzenzuwachs $y(X(A))$ unsicherer und versicherter Anlagen A auf die sachliche Ebene des Geldes $X(A)$ überträgt.

Nach Bernoulli ist das Risiko eines unsicheren Handels geringer, wenn man die Fracht auf zwei voneinander unabhängige Schiffe verteilt (Art. 3.3). Entsprechend steigt auch der Nutzenzuwachs einer Investition, wenn man den Betrag auf zwei voneinander unabhängige Aktien verteilt (Art. 4.10). Die Rangfolge der Mischungen ist abhängig vom Vermögen c (Art. 3.4) oder vom Risikograd α (Art. 4.9) des Investors; sie kann durch weitere Nutzenmodelle oder statistische Regeln (Art. 4.10) bestimmt werden.

5.3 Die Frage, ob es sich lohne, den unsicheren Gesamtbesitz $A = (c + x,\ p;\ c,\ 1 - p)$ für eine Prämie V zu versichern, verlangt eine verständige Relation zwischen dem Nutzen $\Phi(X(A))$ und dem Äquivalent $X(A)$. Ab welchem Vermögen c lohnt es sich, die Prämie V für die Versicherung zu bezahlen?

Der Nutzer ist indifferent, wenn der Erwartungsnutzen der Lotterie A gleich dem Nutzen Φ des sicheren Gewinns ist:

$$p\Phi(c + x) + (1 - p)\Phi(c) = \Phi(c + x - V).$$

Für $\Phi = y$ (Art. 3) lautet die Beziehung vom Standpunkt des Nutzers:

$$p \ln (c + x) + (1 - p) \ln (c) = \ln (c + x - V).$$

Die Lösung liegt nicht auf der Skala des Nutzens, sondern auf der monetären Skala. Das Äquivalent $X(A)$ ist gleich dem sicheren Gewinn:

$$(c + x)^p c^{1-p} = c + x - V.$$

Bernoulli wählt das Beispiel $(c+10.000, 19/20; c, 1/20)$ mit der Prämie $V = 800$ und stellt fest: Für Vermögen $c < 5043$ lohnen sich die Versicherung des unsicheren Gewinns $x = 10.000$, denn $X(A) = 14.243$ und $c = X(A) - x + V = 14.243 - 10.000 + 800 = 5043$.

Wird der Handel je zur Hälfte auf zwei Anlagen A_1 und A_2 verteilt (Art. 3.3), erzielt die Mischung das unsichere Gesamtvermögen $A_m = (c+x, p^2; c+\frac{1}{2}x, 2 \cdot p \cdot (1-p); c, (1-p)^2)$ und die Versicherung des unsicheren Gewinns $x = 10.000$ wäre für ein Vermögen $c = 5043$ bei Prämien $V(A_m) < 606$ zu empfehlen.

Das folgt für den Nutzen $\Phi = y$ (Art. 3) aus der Gleichung:

$$p^2 \ln (c + x) + 2p(1 - p) \ln (c + \tfrac{1}{2}x) + (1 - p)^2 \ln (c) = \ln (c + x - V),$$

oder aus der Beziehung des Äquivalents $X(A_m)$:

$$(c + x)^{pp}(c + \tfrac{1}{2}x)^{2p(1-p)} c^{(1-p)(1-p)} = c + x - V.$$

Im genannten Beispiel mit der Gewinnchance $p = 0,95$ hat die einfache Investition ein höheres Risiko und ein kleineres Äquivalent $X(A) = 14.243$ als die Mischung zweier unabhängiger Anlagen $X(A_m) = 14.437$ mit dem gemeinsamen Erwartungswert $\mu = 14.543$, der nicht übertroffen werden kann. Für den Kapitalgrenzwert $c = 5043$ hat die Mischung eine Versicherungsprämie $V(A_m) = 606$, die erheblich günstiger gegenüber der Prämie der einfachen (nicht verteilten) Investition $V(A) = 800$ ausfällt.

5.4 Die nächste Frage lautet: Welche Prämie soll der Nutzer höchstens bezahlen? Die faire Prämie ist $(1-p) \cdot x$; dem Nutzer bleiben sicher $c + x - (1-p) \cdot x = c + p \cdot x$. Da aber das Äquivalent $X(A)$ kleiner als $\mu(A) = c + p \cdot x$ ist ($14.243 < 5043 + 9500 = 14.543$), kann höchstens die Prämie $V(A) = (1-p) \cdot x + R = 500 + 300 = 800$ bezahlt werden. Der Zuschlag von $R = 300$ ist allgemein:

$$R = c + px - (c + x)^p c^{1-p}.$$

Daniel Bernoulli hat auch untersucht, welches Mindestkapital Q die Gesellschaft benötigt, um den unsicheren Gewinn x des Nutzers für die Prämie V versichern zu können. Die Lösung entspricht der Beziehung:

$$(Q + V)^p (Q - x + V)^{(1-p)} = Q,$$

die der Gleichung von Art. 5.3 für $Q = c + x - V = X(A) = 14.243$ entspricht.

5.5 Wir fassen die Begriffe an einem weiteren Zahlenbeispiel zusammen. Der Gesamtbesitz $A = (c+x, p; c, 1-p)$ mit dem Vermögen $c = 5000$ € und dem unsicheren Gewinn $x = 10.000$ € mit $p = 0{,}9$ soll versichert werden. Welche Prämie soll der Nutzer höchstens bezahlen?

Nach Art. 5.3 ist die Versicherungsprämie: $V = c + x - X(A)$, sie entspricht der Mindestprämie $(1-p) \cdot x$ plus dem Maximalzuschlag R:

$$V = (1 - p)x + R,$$

mit $R = c + px - X(A) = \mu(A) - X(A),$

und $X(A) = (c + x)^p c^{1-p}.$

Somit ist beim Vermögen $c = 5000$ € und der Gewinnaussicht $x = 10.000$ € mit $p = 0{,}9$ die maximale Prämie für die Versicherung:

$$V = 15.000 - 15.000^{0{,}9}\, 5000^{0{,}1} = 1561,$$

und der garantierte Gesamtbesitz $c + x - V$ ist das Sicherheitsäquivalent $X(A) = 13.439$ €, und der Maximalzuschlag $R = 561$ € ist die Risikoprämie.

Das Argument X des logarithmischen Nutzens (Art. 3) bietet eine gute Orientierung für das Sicherheitsäquivalent und die Risikoprämie eines typischen Nutzers, sofern das Produkt $(c+x_1)\,(c+x_2) \neq 0$ ist. Die Lotterie $A = (c+x_1, p; c+x_2, 1-p)$ hat das Äquivalent

$$X(A) = (c + x_1)^p (c + x_2)^{1-p}.$$

Der Vergleich zwischen einer unsicheren Anlage und ihrer versicherten Variante erfolgt in der Praxis nach statistischen Methoden: Mit der Risikoabschlags-methode wird der Erwartungswert der unsicheren Zahlung verringert (vgl. Spremann, 2010); mit der Risikoprämienmethode wird der Erwartungswert der unsicheren Zahlung mit einer Rendite diskontiert, die größer ist als der Zinssatz und neben diesem eine Risikoprämie enthält (ebd.).

5.3 Fazit

Die Studie von Fischburn und Kochenberger (1979) vergleicht den exponentiellen Nutzen mit dem Potenznutzen hinsichtlich ihrer empirischen Bedeutung, kann aber nur geringe Unterschiede feststellen. Der logarithmische Nutzen ist nicht in die Tests (ebd.) einbezogen und auch in der Literatur nicht angemessen vertreten, obwohl er den Nutzenzuwachs mit der zum Vermögen c umgekehrt proportionalen Risikoaversion *verständlicher* abbildet als alle anderen Modelle, und das ist der wesentliche Punkt: Das logarithmische Modell (Art. 3) *fragt* den Investor *nicht* nach seinem Sicherheitsäquivalent, sondern es *zeigt* dem Investor sein *ideales* Äquivalent und seine Risikoprämie (Art. 5.3) auf der Basis seines Vermögens.

Der Potenznutzen ist allgemein anwendbar, hat aber den Nachteil, dass die Grade des Risikos α und β nicht so einfach definiert werden können wie das Vermögen c beim logarithmischen Nutzen oder wie die Einstellung $\gamma = -r(x)$ beim exponentiellen Nutzen. Außerdem zeigt die Bestimmung des Portfolios, dass der Grad α allein sehr sensitiv ist: eine Erhöhung von $\alpha = 0{,}75$ um 0,05 auf $\alpha = 0{,}80$ verändert den Abstand des Nutzens $u(x)$ zum Dis-Nutzen $u(-x)$ der Art, dass der Anteil der Aktie A_1 von 50 % auf 100 % ansteigt. Hier zeigt sich, dass es nicht auf α allein ankommt, sondern auf den Abstand der Risikograde $\beta - \alpha$; solange $\beta - \alpha = 0{,}1$ ist ändert sich am Rang der Mischungen und am Anteil (50 %) A_1 kaum etwas. – Selbst die einfachste Individualisierung α der typischen Nutzerkurve x^α erweckt den Eindruck einer unsicheren subjektiven Note.

Die Analyse der Mischung zweier Wertpapiere macht wesentliche Gesichtspunkte der Nutzenmaximierung und der statistischen Analyse geltend: Beide Modelle bewerten unsichere Gewinne so, dass sie ausschließlich für rational handelnde Personen gedacht sind; ihr gemeinsames Merkmal ist die Aversion gegen Risiko und Verlust bei unsicheren Gewinnen. Das folgt aus der These über den relativen Wert eines Guts bei abnehmendem Grenznutzen und zeigt den normativen Charakter der Entscheidungstheorie, die durch logische Schlüsse ihre Modelle und mathematische Methoden gewinnt. Die empirische Forschung kann entweder an den Thesen und Schlüssen rütteln oder sie bestätigen. Das wesentliche Merkmal einer durch wissenschaftliche Methodik gewonnenen Erkenntnis ist, dass sie von allen Standpunkten aus betrachtet dieselbe ist. (Eine Meinungsumfrage oder Beobachtung können ergeben, dass p % an etwas Bestimmtes glauben oder etwas auf dieselbe Weise tun, aber, auch nicht bei $p = 100$ %, dass es dasjenige gibt oder dass die Gesamtheit der befragten Personen das Richtige tut.).

Wer von Bernoullis These ausgeht, rechnet mit der rationalen Verhaltensweise von Personen und ihrer Absicht, den Nutzen ihrer Handlung zu maximieren. Dahinter verbirgt sich eine pessimistische Haltung, die von Philosophen (besonders Schopenhauer) als eine natürliche, der Situation des Lebens und dem Lauf der Dinge geschuldeten Eigenschaft gesehen wird.

Es geht also nicht um die Frage, ob in Gewinnsituationen risikoscheu agiert wird ($X < \mu$), sondern allein darum mit welchem Grad ($\mu - X$) der Nutzer risikoscheu ist. Eine Person, für die Risiko und Chance eine Nullsumme darstellen, orientiert sich am Erwartungswert. Eine Person, die bei unsicheren Gewinnen risikofreudig handelt, braucht weder ein Nutzenmodell noch eine Portfoliotheorie (sondern den Schmerz des Verlusts in hohen Dosen).

Abschließend greifen wir auf den Ausgangspunkt der Nutzentheorie zurück und entnehmen der Tab. 5.1 die Preise, die ein rationaler Spieler für das Gewinnspiel (Art. 2) bezahlen würde abhängig von seinem Vermögen c oder verschiedenen Risikograden α unter Verwendung der Überschüsse $X - c$ des logarithmischen Nutzens (Art. 3) und des Potenznutzens (Art. 4).

Das Spiel lautet (zur Erinnerung): Fällt eine Münze nach n Würfen zum ersten Mal auf Kopf, bekommt der Spieler 2^n €. Ein Spieler mit dem Vermögen $c = 100$ € würde nach dem logarithmischen Nutzen y und nach dem Potenznutzen u mit der Risikoscheu $\alpha = 0{,}1$ den Preis $X - c = 8$ € für die Teilnahme am Spiel zahlen (bei dem er einen unbegrenzt hohen Geldbetrag gewinnen kann). Wenn beim dritten Wurf Kopf kommt, hat der Spieler seinen Einsatz wettgemacht, und wenn erst beim vierten Wurf Kopf kommt, hat der Spieler $16 - 8 = 8$ € gewonnen usf. Verfügt ein Spieler über 50.000 €, kann er je nach seiner Einstellung zum Risiko 16 € bis 19 € für die Teilnahme am Gewinnspiel zahlen.

Anmerkung: Für eine Person, die Lose in der Lotterie (6 aus 49) wöchentlich kauft wäre Bernoullis Gewinnspiel die bessere Alternative. Begrenzt man das Gewinnspiel auf maximal n Würfe (oder auf genau n Würfe), ist es ein klares kombinatorisches Problem der Wahrscheinlichkeiten. (Aus dieser Sicht wirkt das Spiel verständlicher.) Die Frage nach dem Preis des endlichen Gewinnspiels ergibt einen bemerkenswerten Schluss. Ich gebe sie an den Leser weiter.

Tab. 5.1 Preise relativ zum Vermögen und Grad der Risikoaversion

Vermögen c (€)	Preis $X - c$	$\alpha = 0{,}1$	$\alpha = 0{,}5$	$\alpha = 0{,}75$
1	4,3	4,5	6,1	9,1
10	5,5	5,7	7,3	10,2
100	7,9	8,1	9,8	12,5
1000	11,0	11,2	12,8	15,2
10.000	14,2	14,4	15,9	17,6
50.000	16,2	16,4	17,8	19,0

5.4   Schluss

Der uralte Baum von Bernoulli ist freigelegt. Die These (Art. 2) und sein Modell (Art. 3) begründen das rationale Handeln der Spieler, Investoren und anderer Nutzer. In der Zeit von 1732 bis 1738 zieht Bernoulli daraus Schlüsse, die bis heute den Kern der Theorie des Erwartungsnutzens und den Charakter ihrer Modelle bilden. Am Ende stellt sich die Frage: Was ist seit Bernoulli hinzugekommen, das von entscheidender Bedeutung für die Lösung von Problemen durch die Modelle der Theorie des Erwartungsnutzens wäre? – Praktische Modelle und gute Theorien individualisieren das Typische (nicht umgekehrt).

Anhang 6

6.1 Kritik, Historische Notizen, Quellen, Aufgaben und Lösungen

Inhalt: Die Kritik der Methoden zur Bestimmung der Risikograde aus Kap. 4 und ein weiterer Ansatz zur Bestimmung des Risikograds des Investors. Ein abschließender Blick auf die Geschichte der Nutzentheorie wirft ein Licht auf den Beitrag von Cramer (1728). Der Preis für das St. Petersburg Gewinnspiel nach seiner ursprünglichen Formulierung. Anmerkungen über Unsicherheiten in der Literatur und in den Quellen. Aufgaben mit Lösungen zu den Themen der Kap. 1 bis 5.

6.2 Kritik

Wir greifen das am *Schluss* zitierte Prinzip „der Individualisierung des Typischen" auf und üben Kritik an unserer deskriptiven Analyse (s. *Nutzeranalyse*, Art. 4.8).

4.11 Mit den Parametern α und β kann die Kurve des Potenznutzens (Art. 4.3–4.8) in der Weise verändert werden, dass für $\alpha_1 < \alpha_2$ ein Nutzer des Typs α_1 (im Falle eines Gewinns) stärker risikoscheu ist als ein Nutzer des Typs α_2, aber beide Nutzer sind vom Typ x^α und haben denselben charakteristischen Nutzenzuwachs $u(x)$ für Gewinne x, der durch die Potenzfunktion vorgegeben ist.

Wenn der Risikograd durch einen einzigen Test bestimmt worden ist (wie $\alpha_0 = 0{,}76$ nach Art. 4.8 mit $p_0 = 50\,\%$ und dem Sicherheitsäquivalent $S_0 = 40\,€$), und es folgen weitere Versuche (wie nach der Fraktil-Methode für $p_1 = 25\,\%$ und $p_2 = 75\,\%$), könnte der Nutzer Sicherheitsäquivalente nennen, die zu S_0 nicht

© Springer Fachmedien Wiesbaden GmbH, ein Teil von Springer Nature 2020
S. Weinmann, *Normatives Entscheiden*, essentials,
https://doi.org/10.1007/978-3-658-31390-6_6

konsistent sind, sodass (nach Art. 4.6) sich Risikograde α_1 und α_2 ergeben, die nicht mit α_0 übereinstimmen. Ob eine mangelhafte Konsistenz dadurch entsteht, dass der Nutzen der Versuchsperson nicht zur Charakteristik der Potenzfunktion passt oder dass es ihr nicht gelingt, die passenden Sicherheitsäquivalente zu den variierten Chancen p_1 und p_2 zu nennen, bleibt zunächst offen (Die Beziehung zwischen der Risikoeinstellung und der Form der Nutzenfunktion untersucht Harvey, 1981).

Eine Unschärfe des Risikograds kann dazu führen, dass sich der Nutzer mehr auf den normativen Charakter des Entscheidungsmodells besinnt und seine Entscheidung objektivieren will. Im Fall des gesuchten Mischportfolios wird der Nutzer eines der vier statistischen Optima (Art. 4.10) wählen oder sein nutzer-optimales Portfolio (Art. 4.9), selbst wenn es nur grob seiner Einstellung (Art. 4.8) entspricht. Der normative Weg bietet dem Nutzer immerhin die größtmögliche Gewinnerwartung im Verhältnis zum Risiko der Investition. Will aber der Nutzer die Wahl der Mischung seiner individuellen Einstellung unterordnen, muss er durch weitere Tests die Konsistenz seiner Risikoeinstellung prüfen (Art. 4.12).

4.12 Die Konsistenz einer nach Art. 4.8 gewonnen Risikoeinstellung kann mit der Methode variabler Wahrscheinlichkeiten einfach geprüft werden, indem man wieder auf bi-nominale statt direkt auf metrische Information ausgeht, wie beispielsweise durch die Vorgabe der Lotterie (100 €, p %; 0 €, $1-p$ %), eines sicheren Betrags W und einer Reihe von Wahrscheinlichkeiten p. Der Test durchläuft die Fragen 1): Ziehen Sie den sicheren Betrag 50 € der Lotterie mit $p=50$ % vor? – Bei „ja" 2): Ziehen Sie den Betrag 50 € der Lotterie mit $p=70$ % vor? – Bei „nein" 3): Bleiben Sie bei der Lotterie, wenn $p=60$ % ist? – Jetzt (oder später) könnte die Antwort lauten: „Ich weiß nicht, vielleicht" und die Konsistenz zu einem zuvor bestimmten Sicherheitsäquivalent S, das dem Risikograd α entspricht, kann durch die für den Potenznutzen geltende Beziehung nach Art. 4.6 geprüft werden; hier beispielsweise, wenn der erste Test für $p_0=50$ % das Sicherheitsäquivalent $S_0=40$ € und nach Art. 4.8 den Grad $\alpha_0=0{,}76$ ergab, sind für $p_1=60$ % mit $W=50$ € die beiden Tests konsistent:

$$\alpha_1 = \log_{\left(\frac{W}{\max}\right)}(p) = \log_{\left(\frac{50}{100}\right)}(0{,}60) = 0{,}74.$$

Den beiden unabhängigen Tests zufolge ist der Risikograd des Nutzers $\alpha=0{,}75$ für die Potenzfunktion nach Art. 4.

6.3 Historische Notizen

Glücksspiele und Geschäfte mit unsicheren Erfolgen führten zu Überlegungen, aus denen die Entscheidungstheorie entstanden ist. Ein schriftlicher Nachweis einer Denkübung im Bereich der Kombinatorik (einer Grundlage der Wahrscheinlichkeitsrechnung) zu einem Spiel mit drei Würfeln stammt aus dem Jahr 1477 (vgl. Todhunter, 1865).

Mit der Entwicklung des Logarithmus durch Napier im Jahr 1614 ist eine weitere Grundlage der Nutzenmaximierung entstanden (vgl. Struik, 1948). Im 18. Jahrhundert begannen Wissenschaftler, darunter Daniel Bernoulli (1730), den relativen Wert von Geld zu behandeln. Der Anstoß kam von seinem Onkel Nicolaus Bernoulli (1728), der in einem Brief an seinen Neffen Daniel (damals in St. Petersburg) das folgende Spiel (hier im Original) beschreibt: Fällt eine Münze nach n Würfen zum ersten Mal auf Kopf, bekommt der Spieler 2^{n-1} Dukaten und die Erwartung des Gewinns ist unendlich.

$$\sum\nolimits_{k=1}^{\infty} \left(\frac{1}{2}\right)^{k} 2^{k-1} = \frac{1}{2} + \frac{1}{2} + \cdots = \infty.$$

Für das Gewinnspiel suchten Wissenschaftler wie der Mathematiker Cramer (1728) einen absoluten Wert (mit Ausnahme von Bernoulli selbst), und Cramer war bemüht, den „richtigen" Preis für das Spiel zu errechnen. In einem Brief an Nicolaus Bernoulli vom Jahr 1728 beschreibt er seine Lösung und kommt zum Ergebnis: „Auf diese Weise ist der moralische Wert auf 13 Thaler reduziert und das zu zahlende Äquivalent dafür auf ebenso viel, was weit vernünftiger erscheint, als wenn man dasselbe unendlich groß macht" (vgl. Pringsheim, 1896).

Cramer korrigiert diesen Wert auf 2,9 Thaler, den er mithilfe der Wurzelfunktion (x^{α} für $\alpha = \frac{1}{2}$ und $c = 0$) berechnet (vgl. Todhunter, 1865).

Mit seinem logarithmischen Modell (Art. 3) hat Daniel Bernoulli (1730, 1738) eine Begründung des endlichen Werts X für das Gewinnspiel (Art. 2) gefunden: die Erwartung des Nutzenzuwachses

$$\ln\left(\prod\nolimits_{k=1}^{\infty} \left(c + 2^{k-1}\right)^{2^{-k}}\right) - \ln(c) = y(X).$$

Sucht man – wie Cramer – eine Norm für den Preis, den eine rational handelnde Person für das Spiel bieten oder fordern sollte, kommt der Überschuss $X - c$ (nach Art. 3) infrage:

$$\prod\nolimits_{k=1}^{\infty} \left(c + 2^{k-1}\right)^{2^{-k}} - c,$$

oder (nach Art. 4):

$$\left(\sum_{k=1}^{\infty} 2^{-k}(c + 2^{k-1})^{\alpha}\right)^{\frac{1}{\alpha}} - c.$$

Aus dem Motiv, einen endlichen Wert für das Gewinnspiel zu finden ist das Modell des logarithmischen Nutzenzuwachses entstanden aus dem Daniel Bernoulli eine Reihe von prinzipiellen Aussagen über das ökonomische Verhalten von Individuen geschlossen hat, die alle vielfach empirisch nachgewiesen worden sind. Dazu zählen die Relation des Betrags des Dis-Nutzens $y(-x)$ eines Verlusts gegenüber dem Nutzen $y(x)$ des Gewinns des gleichen Betrags (Art. 3.2): $|y(-x)| > y(x)$, die Risikoscheu in Gewinnsituationen und die Risikofreude in Verlustsituationen (Art. 3.6–3.7), sowie die Risikominderung eines unsicheren Gewinns durch seine Verteilung auf unabhängige unsichere Gewinne und die Sicherung eines Teilgewinns durch total negativ korrelierende unsichere Gewinne (Art. 3.3), als die Grundgedanken der Portfoliotheorie (Art. 4.10).

Hypothetische Gedanken über den Wert eines Guts bei zunehmendem Konsum und über Personen, die reichlich Geld besitzen und den Groschen weit weniger schätzen als Mittellose haben Gossen (1854) zur Formulierung der Theorie des Grenznutzens geführt; sein erstes Gesetz ist: Mit der zunehmenden Existenz oder dem fortschreitenden Konsum eines Guts oder einer Dienstleistung nimmt ihr Nutzen ab. (Das gilt auch für den Konsum von Eiscreme: Die erste Kugel schmeckt besser als die zehnte).

Mit der Entwicklung der Spieltheorie haben die Begründer John von Neumann und Oskar Morgenstern (1943) die metrische Form eines Nutzens axiomatisiert; sie haben keine Nutzenfunktion explizit eingeführt, aber Bernoullis logarithmischen Nutzen, als ein ihrer Vorstellung entsprechendes Modell bezeichnet (s. *Anmerkung 1*).

Anmerkung 1

In seiner Übersicht der Modelle der Nutzenmaximierung unterstellt Schoemaker (1982) dem Modell von Bernoulli mit logarithmischem Nutzenzuwachs (Art. 3) eine „grundverschiedene Konzeption" gegenüber dem Modell, das von Neumann und Morgenstern (NM) im Rahmen ihrer Spieltheorie begründen. Schoemakers Deutung entspricht nicht den Arbeiten Bernoullis (1738), die Todhunter (1865) und Pringsheim (1896) ausführlich wiedergeben, und er widerspricht der Bemerkung, die NM im letzten Abschnitt (A. 3.3) der dritten Auflage (1953) ihres Werks hinterlassen: Bernoullis Nutzen erfüllt unsere Axiome und passt zu unseren Resultaten; das bemerken NM zu Bernoullis logarithmischem Nutzenmodell (Art. 3). Wenn für Schoemaker der Unterschied zwischen den Nutzenmodellen von Bernoulli und NM darin besteht, dass Bernoulli mit Geld auf einer Verhältnisskala operiert und NM mit Objekten auf einer Intervallskala, ändert es nicht den Schluss, dass das logarithmische Modell von Daniel Bernoulli die Theorie des Erwartungsnutzens verkörpert und der Vorstellung des metrischen Nutzens von Neumann und Morgensterns gänzlich entspricht.

Anmerkung 2
Nicolaus Bernoulli hat sein Gewinnspiel bereits im Jahr 1713 in seinem Brief an Pierre Rémond de Montmort (1678–1719) zur Diskussion gestellt, an der sich Cramer (1728) beteiligte; obwohl sein Beitrag zur Lösung des Problems lediglich in der Kalkulation verschiedener Preise bestand (s. *Historische Notizen*), wird Cramer neben Daniel Bernoulli als Urheber des Nutzenmodells in der Literatur genannt, wie auch in Schoemaker (1982).

Anmerkung 3
Kant (1724–1804) war Philosoph und Mathematiker. Es liegt nahe, dass er einige Memoiren von Daniel Bernoulli (1700–1782) gelesen hat und von seiner wissenschaftlichen Methodik inspiriert wurde. Für diese Vermutung fehlt dem Autor der Beleg, den Kenner der Werke von Kant vielleicht besitzen. Kants Briefwechsel umfasst 902 Dokumente, darunter sind zwei Briefe von und an Johann Bernoulli (1710–1790) aus den Jahren 1781 und 1782; sie enthalten keinen Wink auf Johanns Bruder Daniel.

Anmerkung 4
Das Zitat „Es gibt nichts Praktischeres als eine gute Theorie" wird gerne Immanuel Kant nachgesagt, aber auch Wissenschaftlern wie Albert Einstein oder David Hilbert. Für die genaue Herkunft des Zitats fehlt der Belegt, und es gibt keinen Nachweis darüber, dass Kant das Zitat nicht geformt hat. Doch hier ist der Sinn des Zitats gefragt und nicht seine genaue Herkunft.

6.4 Aufgaben

Aufgabe 1
Ermitteln Sie die Preise für das Original St. Petersburg Gewinnspiel (½ D, s. *Historische Notizen,* Anhang) abhängig vom Vermögen c (Art. 3) und vom Risikograd α (Art. 4) für $c = 1, 10, 100, 1000, 10.000, 100.000$ D und $\alpha = 0{,}1; 0{,}5; 0{,}75$ für $m = 21$ Situationen. Welches Vermögen c und welcher Risikograd α führen zum Preis (2,9 Thaler), den Cramer (1728) mithilfe der Wurzelfunktion ermittelt hat?

Aufgabe 2
Vergleichen Sie am Beispiel der Routenwahl zweier Fahrer 1 und 2 (Art. 3.5, Abb. 3.2) das logarithmische Nutzenmodell (Art. 3) mit dem Potenznutzen (Art. 4). Den Fahrern werden die Risikograde $\alpha = 0,25$ und $\beta = 0,35$ unterstellt.

Aufgabe 3
Zeigen Sie, dass die normalisierte Potenzfunktion mit $x = c + x_k$ für $c = 0$

$$u(x) = \begin{cases} wx^\alpha, x \geq 0 \\ -w(-x)^\beta, x < 0 \end{cases}, w = \frac{1}{\max^\alpha + (-\min)^\beta},$$

mit $x \in [\min, \max]$, $\min < 0$ und $\max \geq 0$, den Nutzenzuwachs $u(x) \in [-1, 1]$ mit der Spannweite $u(\max) - u(\min) = 1$ erzeugt, und dass für $|x| \geq 1$ und $\alpha < \beta$ die Bedingung $|u(-x)| \geq u(x)$ erfüllt ist. Ermitteln Sie die Risikomaße nach Art. 5.2 für $u(x)$ und $u(-x)$.

Aufgabe 4
Sie beraten ein Unternehmen bei einer großen Investition. Ein Produkt kann auf den Markt gebracht werden, das die Preise $w_k[€]$ und die Absatzmengen m_k mit den Wahrscheinlichkeiten p_k: 30, 25, 20, 15 und 10 [%] in fünf Marktsituationen s_k erzielen soll; daraus berechnen sich die unsicheren Gewinne der Investition in den Situationen s_k: $x_1 = -5,2$; $x_2 = -1,2$; $x_3 = 2,8$; $x_4 = 6,8$ und $x_5 = 10,8$ Mio. €.
   Die Investoren sind zwei gleichberechtigte Gesellschafter. Einfache Tests nach Art. 4.8 und Art. 4.12 ergaben folgende Risikograde $\alpha_1 = 0,8$; $\beta_1 = 0,9$; $\alpha_2 = 0,5$; $\beta_2 = 0,6$ für den Nutzen $u(x) \in [-1, 1]$ bei einem fiktiven Vermögen $c = 0$ (s. *Aufgabe 3*). Die Investition soll erfolgen, wenn die Summe der Erwartungsnutzen der Investoren $E_1 + E_2 > 0$ ist. Kommt die Investition zustande? Welche Entscheidung würde die statistische Regel $\Phi(\mu, \sigma) = \mu - \frac{1}{2} \sigma^2 \gamma$ für $\gamma_1 = 0,02$ und $\gamma_2 = 0,08$ unter der Bedingung $\Phi_1 + \Phi_2 > 0$ ergeben?

Aufgabe 5
Prüfen Sie die Entscheidung der *Aufgabe 4* mit dem logarithmischen Nutzen (Art. 3) für die Vermögen $c = 12$ und $c = 6$ und dem Potenznutzen (Art. 4) für $c = 0$.

Aufgabe 6
Welche Sicherheitsäquivalente haben die Investoren der *Aufgabe 4* bei den Tests mit den Lotterien (100 €, 50 %; 0 €, 50 %) und (−100 €, 50 %; 0 €, 50 %) genannt?

Aufgabe 7
Welche Wahrscheinlichkeiten haben die Investoren der *Aufgabe 4* bei den Tests mit den Lotterien (100 €, p %; 0 €, $1-p$ %) und (-100 €, p %; 0 €, $1-p$ %) für die sicheren Beträge $W = \pm 50$ € genannt?

Aufgabe 8
Es besteht die Aussicht auf einen Gewinn x mit der Wahrscheinlichkeit p. Wenn Sie die Investition ausführen, wird ihr Vermögen c zum unsicheren Gesamtbesitz $A = (c+x, p; c, 1-p)$. Wenn Sie es mit der Prämie V versichern, haben Sie garantiert den Gesamtbesitz $G = c+x-V$. Wie hoch darf die Prämie V sein, damit sich die Investition für Sie lohnt? – Berechnen Sie die maximalen Prämien für $c = 50.000$ €, $x = 100.000$ € und $p = 0{,}9$ anhand der Nutzenmodelle von Art. 3 und Art. 4 mit $\alpha = ¼$.

6.5 Lösungen

Aufgabe 1
Die Preise für das St. Petersburg Gewinnspiel (½ D) sind in der Tab. 6.1 abgebildet. Sie entsprechen den Überschüssen $X - c$ der ersten $m = 21$ unsicheren Gewinne $p_k(c+x_k) = 2^{-k}(c + 2^{k-1})$ der Lotterie, berechnet nach Art. 3:

$$\prod_{k=1}^{21} \left(c + 2^{k-1}\right)^{2^{-k}} - c,$$

und nach Art. 4:

$$\left(\sum_{k=1}^{21} 2^{-k}(c + 2^{k-1})^{\alpha}\right)^{\frac{1}{\alpha}} - c.$$

Tab. 6.1 Preise relativ zum Vermögen und Grad der Risikoaversion

Vermögen c	Preis $X-c$	$\alpha = 0{,}1$	$\alpha = 0{,}5$	$\alpha = 0{,}75$
1	2,3	2,4	3,2	4,6
10	3,0	3,2	4,0	5,4
100	4,4	4,5	5,3	6,6
1000	6,0	6,1	6,9	8,0
10.000	7,5	7,7	8,4	9,1
100.000	8,5	8,7	9,5	9,9

Der Preis (2,9 Thaler), den Cramer mithilfe der Wurzelfunktion ermittelt hat entspricht dem Nutzenzuwachs von Art. 4 für $\alpha = \frac{1}{2}$ und $c = 0$ sowie dem von Art. 3 mit $c = 7$.

Aufgabe 2

Die Umgehungsroute a_1 ist die Lotterie $A_1 = (-20, \frac{1}{4}; -25, \frac{1}{2}; -30, \frac{1}{4})$. Die Stadtroute a_2 ist die Lotterie $A_2 = (-5, \frac{1}{4}; -15, \frac{1}{4}; -40, \frac{1}{2})$. (Die Zeiteinheit sei Minuten.) Die Extremwerte von A_1 und A_2 sind min $= -40$ und max $= -5$. Der Fahrer 1 hat ein Zeitvermögen von $c_1 = 50$ mit der Zeitreserve $c_1 + \text{min} = 10$. Der Fahrer 2 hat ein Zeitvermögen von $c_2 = 5$ mit der maximalen Zeitreserve $c_2 + \text{max} = 0$.

Durch die positive Zeitreserve werden die Zeitverluste des Fahrers 1 mit $y(t)$ oder mit $u(t)$ und $\alpha = 0{,}25$ relativ zu seinem Zeitvermögen c_1 bewertet (Art. 3.6, Abb. 3.2, Art. 3, 4).

Durch die Zeitnot des Fahrers 2 werden die Zeitverluste mit $y(-t)$ oder mit $u(-t)$ und $\beta = 0{,}35$ relativ zu seinem Zeitvermögen c_2 bewertet (Art. 3.7, Abb. 3.2, Art. 3, 4).

Die Nutzen $y(t)$ und $u(t)$ der Fahrtzeiten t sind in Tab. 6.2 gegenübergestellt.

Die Erwartungsnutzen $y(X)$, $u(X)$, Zeitüberschüsse $X - c$, $X + c$ sowie Risikoprämien der Fahrer 1 und 2 stehen in den Tab. 6.3 und 6.4.

Beide Nutzenmodelle führen zu den gleichen Entscheidungen der Fahrer 1 und 2 (Subjekte), sie erzeugen aber verschiedene Werte auf der Zeitskala (Prädikate), d. h. die Äquivalente X der Routen und die Risikoprämien $R = \mu - (X \pm c)$ der Fahrer werden durch $y(t)$ und $u(t)$ unterschiedlich ausgeprägt. Die Herleitungen der Nutzenfunktionen (Art. 3 und 4) zeigt ihre Artverwandtschaft, sodass für $\alpha = \beta \rightarrow 0$ die Äquivalente X und die Prämien R des Potenznutzens $u(t)$ und logarithmischen Nutzens $y(t)$ einander gleich werden. Für

Tab. 6.2 Nutzenzuwachs $y(t)$, $u(t)$ der Fahrtzeiten t in Verkehrssituationen s

	s1	s2	s3		s1	s2	s3
A1 Umgehung	0,25	0,5	0,25	A1 Umgehung	0,25	0,5	0,25
Fahrtzeit t	−20	−25	−30	Fahrtzeit t	−20	−25	−30
y(t)	−0,51	−0,69	−0,92	u(t)	−0,32	−0,42	−0,54
y(−t)	−1,61	−1,79	−1,95	u(−t)	−1,33	−1,53	−1,71
A2 Stadtroute	0,25	0,25	0,5	A2 Stadtroute	0,25	0,25	0,5
Fahrtzeit t	−5	−15	−40	Fahrtzeit t	−5	−15	−40
y(t)	−0,11	−0,36	−1,61	u(t)	−0,07	−0,23	−0,88
y(−t)	−0,69	−1,39	−2,20	u(−t)	−0,48	−1,10	−2,03

Tab. 6.3 Zeitüberschüsse $X-c$, $X+c$ der beiden Routen für $y(t)$

Ew-Nutzen	Äquivalent	Ew-Nutzen	Überschuss	Risikoprämie		
$\sum py(t)$	X	y(X)	X−c1, X+c2	R	Route	Fahrer
−0,70	24,75	−0,70	−25,25	0,25	A1	1
−1,78	−29,79	−1,78	−24,79	−0,21	A1	2
−0,92	19,92	−0,92	−30,08	5,08	A2	1
−1,62	−25,23	−1,62	−20,23	−4,77	A2	2

Tab. 6.4 Zeitüberschüsse $X-c$, $X+c$ der beiden Routen für $u(t)$

Ew-Nutzen	Äquivalent	Ew-Nutzen	Überschuss	Risikoprämie		
$\sum pu(t)$	X	u(X)	X−c1, X+c2	R	Route	Fahrer
−0,43	24,81	−0,43	−25,19	0,19	A1	1
−1,53	−29,86	−1,53	−24,86	−0,14	A1	2
−0,51	21,16	−0,51	−28,84	3,84	A2	1
−1,41	−26,96	−1,41	−21,96	−3,04	A2	2

kleine $\alpha = \beta = 0{,}001$ sind $R_1(A_1) = 0{,}25$ und $R_1(A_2) = 5{,}07$ sowie $R_2(A_1) = -0{,}21$ und $R_2(A_2) = -4{,}77$ die Prämien des Potenznutzens $u(t)$, die den Prämien des logarithmischen Nutzens $y(t)$ praktisch gleichen (vgl. Tab. 6.3).

Aufgabe 3
Wir diskutieren die normalisierte Potenzfunktion

$$u(x) = \begin{cases} wx^{\alpha}, x \geq 0 \\ -w(-x)^{\beta}, x < 0 \end{cases}, w = \frac{1}{\max^{\alpha} + (-\min)^{\beta}}.$$

Für $x \in [\min, \max]$ mit $\min \leq 0$ und $\max \geq 0$ hat

$$v(x) = w^{-1}u(x) = \begin{cases} x^{\alpha}, x \geq 0 \\ -(-x)^{\beta}, x < 0 \end{cases}, \text{ mit } v(x) \in [-(-\min)^{\beta}, \max^{\alpha}],$$

die Eigenschaften von $u(x) \in [-1, 1]$, da mit $w > 0$ die Transformation linear positiv ist.

Für $|x| > 1$ ist die Bedingung $|v(-x)| > v(x)$ erfüllt, da für $\alpha < \beta$ gilt: $\left| -(-x)^{\beta} \right| > x^{\alpha}$.

Für $x \geq 0$ und $0 < \alpha < 1$ hat $v(x)$ die Eigenschaft

$$v'(x) = \frac{dv(x)}{dx} = \alpha x^{\alpha - 1}, \quad v''(x) = \frac{dv'(x)}{dx} = \alpha(\alpha - 1)x^{\alpha - 2} < 0.$$

$v(x)$ ist konkav: unsichere Gewinne sättigen den Nutzenzuwachs (Risikoscheu).
Für $x < 0$ und $0 < \beta < 1$ hat $v(x)$ die Eigenschaft

$$v'(x) = \frac{dv(x)}{dx} = \beta(-x)^{\beta - 1}, \quad v''(x) = \frac{dv'(x)}{dx} = -\beta(\beta - 1)(-x)^{\beta - 2} > 0.$$

$v(-x)$ ist konvex: unsichere Verluste vermehren den Nutzenzuwachs (Risikofreude).
Nach Art. 5.2 haben $v(x)$ und $v(-x)$ die Risikomaße
$v(x)$: $r(x) = -v''(x)/v'(x) = (1 - \alpha) x^{-1}$ und $x\, r(x) = (1 - \alpha)$,
d. h. für $\alpha < 1$ eine konstante relative Risikoscheu.
$v(-x)$: $r(x) = -v''(-x)/v'(-x) = -(1 - \beta) x^{-1}$ und $x\, r(x) = -(1 - \beta)$,
d. h. für $\beta < 1$ eine konstante relative Risikofreude.
Da $u(x) = w\, v(x)$ und $w > 0$ ist, haben $u(x)$ und $v(x)$ die gleichen Risikomaße
$r(x)$, $x\, r(x)$.
Für $x \in [\min, \max]$ mit $\min \leq 0$ und $\max \geq 0$ sind:

$$u(\min) = -\frac{(-\min)^{\beta}}{\max^{\alpha} + (-\min)^{\beta}} \geq -1, \quad u(\max) = \frac{\max^{\alpha}}{\max^{\alpha} + (-\min)^{\beta}} \leq 1,$$

$$u(\max) - u(\min) = \frac{\max^{\alpha}}{\max^{\alpha} + (-\min)^{\beta}} + \frac{(-\min)^{\beta}}{\max^{\alpha} + (-\min)^{\beta}} = 1.$$

Somit hat $u(x)$ den Wertebereich $u(x) \in [-1, 1]$ mit der Spannweite
$u(\max) - u(\min) = 1$.

Aufgabe 4

Die unsicheren Gewinne $x_1 = -5{,}2$; $x_2 = -1{,}2$; $x_3 = 2{,}8$; $x_4 = 6{,}8$ und $x_5 = 10{,}8$
mit den Wahrscheinlichkeiten p_k: 30, 25, 20, 15 und 10 [%] haben die Erwartung
$\mu = 0{,}80$ und die Volatilität $\sigma = 5{,}29$. Die Regel $\Phi(\mu, \sigma) = \mu - \frac{1}{2} \sigma^2 \gamma$ ergibt für
$\gamma_1 = 0{,}02$ und $\gamma_2 = 0{,}08$ die Summe $\Phi_1 + \Phi_2 = 0{,}52 - 0{,}32 > 0$. Die Risikograde
$\alpha_1 = 0{,}8$; $\beta_1 = 0{,}9$; $\alpha_2 = 0{,}5$; $\beta_2 = 0{,}6$ für den Potenznutzen $u(x) \in [-1, 1]$ bezüglich
des Vermögens $c = 0$ (s. Aufgabe 3) ergeben die Summe der Erwartungsnutzen
$E_1 + E_2 = 0{,}018 - 0{,}005 > 0$. Die Investition kommt zustande.

$$u_1(x) = \begin{cases} w_1 x^{0,8}, x \geq 0 \\ -w_1(-x)^{0,9}, x < 0 \end{cases}, w_1 = \frac{1}{10{,}8^{0,8} + 5{,}2^{0,9}} = 0{,}0899,$$

$$u_2(x) = \begin{cases} w_2 x^{0,5}, x \geq 0 \\ -w_2(-x)^{0,6}, x < 0 \end{cases}, w_2 = \frac{1}{10{,}8^{0,5} + 5{,}2^{0,6}} = 0{,}1674,$$

$$E_1 = w_1\left(-0,3(5,2)^{0,9} - 0,25(1,2)^{0,9} + 0,2(2,8)^{0,8} + 0,15(6,8)^{0,8} + 0,1(10,8)^{0,8}\right) = 0,018,$$

$$E_2 = w_2\left(-0,3(5,2)^{0,6} - 0,25(1,2)^{0,6} + 0,2(2,8)^{0,5} + 0,15(6,8)^{0,5} + 0,1(10,8)^{0,5}\right) = -0,005.$$

Aufgabe 5

Bei unsicheren Gewinnen $x_1 = -5,2$; $x_2 = -1,2$; $x_3 = 2,8$; $x_4 = 6,8$ und $x_5 = 10,8$ Mio. € mit den Wahrscheinlichkeiten p_k: 30, 25, 20, 15 und 10 [%] kommt nach dem Nutzenmodell der *Aufgabe 3* die Investition zustande (s. *Aufgabe 4*).

Art. 3 ergibt mit logarithmischem Nutzenzuwachs bei Vermögen der Investoren $c_1 = 12$ und $c_2 = 6$ die Summe $E_1 + E_2 = -0,02 - 0,37 < 0$. Die Investition kommt nicht zustande.

$$E_i = ln(X_i) - ln(c_i), X_i = \prod_{k=1}^{5} (c_i + x_k)^{p_k}.$$

$$E_1 = ln(11,72) - ln(12) = -0,02,$$

$$E_2 = ln(4,16) - ln(6) = -0,37.$$

Art. 4 ergibt mit potenziellem Nutzenzuwachs mit Einstellungen der Investoren $\alpha_1 = 0,8$; $\beta_1 = 0,9$; $\alpha_2 = 0,5$; $\beta_2 = 0,6$ und dem Vermögen der Investoren $c = 0$ die Summe $E_1 + E_2 = 0,20 - 0,03 = 0,17 > 0$. Die Investition kommt zustande.

$$u_1(x) = \begin{cases} x^{0,8}, x \geq 0 \\ -(-x)^{0,9}, x < 0 \end{cases}, \quad u_2(x) = \begin{cases} x^{0,5}, x \geq 0 \\ -(-x)^{0,6}, x < 0 \end{cases},$$

$$E_1 = \left(-0,3(5,2)^{0,9} - 0,25(1,2)^{0,9} + 0,2(2,8)^{0,8} + 0,15(6,8)^{0,8} + 0,1(10,8)^{0,8}\right) = 0,20,$$

$$E_2 = \left(-0,3(5,2)^{0,6} - 0,25(1,2)^{0,6} + 0,2(2,8)^{0,5} + 0,15(6,8)^{0,5} + 0,1(10,8)^{0,5}\right) = -0,03.$$

Aufgabe 6

Die Tests mit den Lotterien (± 100 €, 50 %; 0 €, 50 %) ergaben die Risikograde $\alpha_1 = 0,8$; $\beta_1 = 0,9$; $\alpha_2 = 0,5$; $\beta_2 = 0,6$. Die Investoren der *Aufgabe 4* haben die folgenden Sicherheitsäquivalente genannt: $S(\alpha_1) \approx 42$ €, $S(\beta_1) \approx -46$ €, $S(\alpha_2) \approx 25$ €, $S(\beta_2) \approx -32$ €.

Für $u(x)$ gilt (Art. 4.4): $S(\alpha_1) = (pmax^{\alpha_1})^{\frac{1}{\alpha_1}} = \left(0,5 \cdot 100^{0,8}\right)^{\frac{1}{0,8}} = 42,0,$

$$S(\alpha_2) = (pmax^{\alpha_2})^{\frac{1}{\alpha_2}} = \left(0,5 \cdot 100^{0,5}\right)^{\frac{1}{0,5}} = 25,0,$$

Für $u(-x)$ gilt (Art. 4.5): $S(\beta_1) = -\left(p(-min^{\beta_1})\right)^{\frac{1}{\beta_1}} = -\left(0,5 \cdot 100^{0,9}\right)^{\frac{1}{0,9}} = -46,3,$

$$S(\beta_2) = -\left(p(-min^{\beta_2})\right)^{\frac{1}{\beta_2}} = -\left(0,5 \cdot 100^{0,6}\right)^{\frac{1}{0,6}} = -31,5.$$

Aufgabe 7

Bei den Schachtelungen mit den Lotterien (±100 €, p %; 0 €, $1 - p$ %) mit den sicheren Beträgen $W = \pm50$ € haben die Investoren die Wahrscheinlichkeiten $p(\alpha_1) \approx 0,6$; $p(\beta_1) \approx 0,55$; $p(\alpha_2) \approx 0,7$; $p(\beta_2) \approx 0,65$ genannt, die ihren Risikograden $\alpha_1 = 0,8$; $\beta_1 = 0,9$; $\alpha_2 = 0,5$; $\beta_2 = 0,6$ entsprechen, die wiederum den durch Schachtelungen mit den Lotterien (±100 €, 50 %; 0 €, 50 %) genannten Sicherheitsäquivalenten (s. *Aufgaben 4 bis 6*) entsprechen.

Nach Art. 4.4 gilt für $u(x)$: $p(\alpha_1) = \left(\frac{W}{max}\right)^{\alpha_1} = \left(\frac{50}{100}\right)^{0,8} = 0,57,$

$$p(\alpha_2) = \left(\frac{W}{max}\right)^{\alpha_2} = \left(\frac{50}{100}\right)^{0,5} = 0,71.$$

Nach Art. 4.5 gilt für $u(-x)$: $p(\beta_1) = \left(\frac{-W}{min}\right)^{\beta_1} = \left(\frac{-50}{-100}\right)^{0,9} = 0,54,$

$$p(\beta_2) = \left(\frac{-W}{min}\right)^{\beta_2} = \left(\frac{-50}{-100}\right)^{0,6} = 0,66.$$

Aufgabe 8

Wie hoch darf die Versicherungsprämie V sein, damit sich die im unsicheren Gesamtbesitz $A = (c + x, p; c, 1 - p)$ enthaltene Investition x für Sie lohnt? Entspricht der Grad Ihrer Risikoaversion einem bestimmten Nutzenmodell $\Phi(x)$, dann betrachten Sie den Erwartungsnutzen des unsicheren Gesamtbesitzes und den Nutzen des versicherten Gesamtbesitzes als gleichwertig:

$$p\Phi(c + x) + (1 - p)\,\Phi(c) = \Phi(c + x - V),$$

das ist gleich: $\Phi(X(A)) = \Phi(c + x - V),$

und somit ist: $X(A) = c + x - V,$

und schließlich: $V = c + x - X(A).$

V entspricht der Mindestprämie $(1 - p)\,x$ plus dem Maximalzuschlag R:

$$V = (1 - p)x + R,$$

mit $R = c + px - X(A) = \mu(A) - X(A).$

Für ein Vermögen c und einen Gewinn x mit der Wahrscheinlichkeit p ist die maximale Prämie V gleich der Summe der mathematisch fairen Mindestprämie und dem maximalen Zuschlag R oder entsprechend:

$$V = c + x - X(A).$$

Wir berechnen die maximale Prämie V nach Art. 3 ($\Phi = y$) mit:

$$X(A) = (c + x)^p c^{1-p}.$$

Wenn Sie das Risiko nach dem logarithmischen Nutzenmodell bewerten, ist bei einem Vermögen $c = 50.000$ € und einer Gewinnaussicht $x = 100.000$ € mit $p = 0,9$ die maximale Prämie für die Versicherung:

$$V = 150.000 - 150.000^{0,9}\, 50.000^{0,1} = 15.606$$

und Ihr garantierter Gesamtbesitz $c + x - V$ ist Ihr Sicherheitsäquivalent $X(A) = 134.394$ €, und der Maximalzuschlag $R = 5606$ € ist Ihre Risikoprämie.

Wir berechnen die maximale Prämie V nach Art. 4 ($\Phi = v$) mit $\alpha = \frac{1}{4}$:

$$X(A) = (p(c + x)^\alpha + (1 - p)c^\alpha)^{\frac{1}{\alpha}}.$$

Wenn Sie das Risiko nach dem Potenznutzenmodell mit dem Grad $\alpha = \frac{1}{4}$ bewerten, ist Ihre maximale Versicherungsprämie:

$$V = 150.000 - \left(0,9 \cdot 150.000^{0,25} + 0,1 \cdot 50.000^{0,25}\right)^4 = 13.899$$

und Ihr garantierter Gesamtbesitz $c + x - V = X(A) = 136.101$ € ist Ihr Sicherheitsäquivalent, und der Maximalzuschlag $R = 3899$ € ist Ihre Risikoprämie.

Anmerkung: Könnten Sie im Sinne von Art. 3.3 die Investition x auf zwei gleiche (doch voneinander unabhängige) Investitionen $x/2$ verteilen, wäre Ihre logarithmische Risikoprämie $R = 2081$ € und Ihr sicherer Gesamtbesitz $X = 137.919$ €. Die Verteilung auf vier Investitionen $x/4$ würde $R = 905$ € und $X = 139.095$ € bedeuten. Für die Verteilung auf n gleiche (voneinander unabhängige) Investitionen x/n gilt mit binomialverteilten Wahrscheinlichkeiten p_k allgemein:

$$R = c + p \cdot x - \prod_{k=0}^{n} \left(c + k \cdot \frac{x}{n}\right)^{p_k}, p_k = b_{k;n;p}.$$

Was Sie aus diesem *essential* mitnehmen können

- Sie haben den Kern der Entscheidungs- und Erwartungsnutzentheorie erfasst
- Sie sind mit den Grundsätzen der wissenschaftlichen Methodik vertraut
- Sie kennen die wichtigsten Nutzenmodelle und Regeln der statistischen Analyse
- Sie wenden empirische Methoden zur Bestimmung der Risikoeinstellung kritisch an
- Sie können die Modelle der Erwartungsnutzentheorie in der Praxis einsetzen

© Springer Fachmedien Wiesbaden GmbH, ein Teil von Springer Nature 2020
S. Weinmann, *Normatives Entscheiden,* essentials,
https://doi.org/10.1007/978-3-658-31390-6

Literatur

Bernoulli, D. (1738) Specimen Theoriae Novae de Mensura Sortis. Commentarii Academiae Scientiarum Imperialis Petropolitanae, Vol. 5, 175–192

Eisenführ, F., Weber, M., Langer, T. (2010) Rationales Entscheiden. Springer, Berlin

Farquhar, P. H. (1984) State of the Art—Utility Assessment Methods. Management Science 30(11), 1283–1300

Fishburn, P. C., Kochenberger, G. A. (1979) Two-Piece von Neumann-Morgenstern Utility Functions. Decision Sciences, 10(4), 503–518

Galanter, E., Pilner, P. (1974) Cross-modality matching of money against other continua, in Sensation and Measurement, H. Moskowitz et al., eds., Reidel, Dordrecht, 65–76

Gossen, H. H. (1854) Entwicklung der Gesetze des menschlichen Verkehrs, und der daraus fließenden Regeln für menschliches Handeln. Vieweg, Braunschweig

Harvey, C. M. (1981) Conditions on risk attitude for a single attribute, Management Science, 27, 190–203

Herstein, I. N., Milnor, J. (1953) An axiomatic approach to measurable utility. Econometrica, Journal of the Econometric Society, 291–297

Hillier, F., Liebermann, G. (1997) Operations Research. Oldenbourg, München

Idson, L. C., Liberman, N., Higgins, E. T. (2000) Distinguishing gains from nonlosses and losses from nongains: A regulatory focus perspective on hedonic intensity. Journal of Experimental Social Psychology, 36(3), 252–274

Kant, I. (1787) Kritik der reinen Vernunft. Königlich Preußische Akademie der Wissenschaften, Berlin

Keeney, R. L., Raiffa, H. (1976) Decisions with multiple objectives: Preferences and value tradeoffs, Wiley, 1993

Kroll, E. B. (2010) Das Nutzenkonzept und Probleme bei der Erklärung individueller Entscheidungen, Logos, Berlin

Laplace, P. S. (1820) Théorie analytique des probabilités. Courcier, Paris

Laux, H., Gillenkirch R., Schenk-Mathes, H. (2012) Entscheidungstheorie. Springer, Berlin

Markowitz, H. M. (1952) Portfolio Selection. Journal of Finance, 7, 77–91

Markowitz, H. M. (1959) Portfolio Selection: Efficient Diversification of Investments, Wiley, Yale

Neumann, J. von, Morgenstern, O. (1943) Theory of Games and Economic Behavior. 3rd Edition 1953, Princeton University Press, Princeton, NJ

© Springer Fachmedien Wiesbaden GmbH, ein Teil von Springer Nature 2020
S. Weinmann, *Normatives Entscheiden,* essentials,
https://doi.org/10.1007/978-3-658-31390-6

Pratt, J. W. (1964) Risk Aversion in the Small and in the Large. Econometrica, 32, 1(2), 122–136

Pringsheim, A. (1896) Die Grundlage der modernen Wertlehre: Daniel Bernoulli, Versuch einer neuen Theorie der Wertbestimmung von Glücksfällen. Von Dunker & Humblot, Leipzig

Rinne, H. (2003) Taschenbuch der Statistik. Harri Deutsch, Frankfurt am Main

Schoemaker, P. J. (1982) The expected utility model: Its variants, purposes, evidence and limitations. Journal of economic literature, 529–563

Spremann, K. (2008) Portfoliomanagement. 4. Aufl., Oldenbourg, München

Spremann, K. (2010) Finance. 4. Aufl., Oldenbourg, München

Struik, D. J. (1948) A Concise History of Mathematics, Dover

Todhunter, I. (1865) A History of the Mathematical Theory of Probability, reprint, New York, 1931

Weiterführende Literatur

Morgenstern, O., Neumann, J. von (1973) Spieltheorie und wirtschaftliches Verhalten. Physica, Würzburg

Weinmann, S. (2020) Statistische Hypothesentests – Bausteine der Künstlichen Intelligenz. Springer Gabler, Wiesbaden

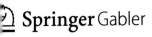
}essentials{

Siegfried Weinmann

Statistische Hypothesentests

Bausteine der Künstlichen Intelligenz

Printed in the United States
By Bookmasters